胆剑精神及其当代价值

刘孟达 著

中国文联出版社

图书在版编目（CIP）数据

胆剑精神及其当代价值 / 刘孟达著. -- 北京 : 中国文联出版社, 2023.12
ISBN 978-7-5190-5408-3

Ⅰ. ①胆… Ⅱ. ①刘… Ⅲ. ①社会主义建设－研究－绍兴 Ⅳ. ①D619.553

中国国家版本馆CIP数据核字(2023)第256160号

作　　者　刘孟达
责任编辑　潘世静
责任校对　叶立钊
装帧设计　浙江越生文化创意有限公司

出版发行　中国文联出版社有限公司
社　　址　北京市朝阳区农展馆南里10号　　邮编　100125
电　　话　010-85923025（发行部）　010-85923091（总编室）
经　　销　全国新华书店等
印　　刷　绍兴市越生彩印有限公司

开　　本　787毫米 × 1092毫米　1/32
印　　张　10.5
字　　数　160千字
版　　次　2023年12月第1版第1次印刷
定　　价　78.00元

绍兴有很多典故值得我们借鉴和学习。今天，我们弘扬越王勾践卧薪尝胆、“十年生聚，十年教训”的精神，就是要围绕全面建设小康社会、提前基本实现现代化的目标，卧薪尝胆，艰苦奋斗，努力谱写新时期的“胆剑篇”。

——2004年3月，习近平同志在浙江省第十届八次人代会期间，在参加绍兴代表团审议时的讲话

……按照胡锦涛总书记“七一”重要讲话精神，认真践行“三个代表”重要思想，结合绍兴实际，与时俱进、开拓创新，扎实工作、勤政为民，谱写好新时期的“胆剑篇”。

——2004年7月，习近平同志在中共绍兴市委呈送的题为《发扬胆剑精神，谱写新时期的“胆剑篇”》的材料上批示

要进一步把广大基层干部加快发展的积极性引导好、保护好、发挥好。要大力弘扬“胆剑精神”。过去有一部历史剧《胆剑篇》，专门描写越王勾践卧薪尝胆、奋发有为，这种精神很好。越王勾践生于绍兴，绍兴更要发扬“胆剑精神”。

——2004年8月，习近平同志专程赴绍兴调研时的讲话

序一
让胆剑精神绽放新的时代光芒

王永昌

每一个具有悠久历史和充满希望的民族，都有属于自己民族的独特精神。同样，每一座古老而又年轻的城市，都流淌着生生不息的血脉和世代先民创造传承的风骨。这就是从历史走来并同时代现实生活相融相合的城市精神。城市精神润物无声，她是一座城市由过去走向未来的根脉和灵魂，也是一座城市生命品位的标志，代表着这座城市生长的能力、智慧和魅力。

绍兴，是一座历史久远、文脉积淀深厚的城市，也是一座充满活力、蓬勃奋进的城市。这座拥有2500多年建城史的城市，集会稽山的雄浑与鉴湖水的隽秀于一体，钟灵毓秀，物阜民丰。“一方水土养育一方精神”，作为绍兴城市的人文精神，“胆剑精神”深深扎根于绍兴稽山鉴水的自然神韵、悠久灿烂的历史风韵和薪火相传的文脉遗韵之中。在独特生存和发展环境的磨炼下，绍兴人兼有山的稳健、水的柔情，刚柔相济。正是在不断吸纳、融通各地区域文化的过程中，绍兴逐步构筑起了以古越“胆剑”精神为底色的文化风骨，成为代代传衍不息的文化基因。在这些“越”字号的因子图谱中，既蕴含着吃苦耐劳、顽强拼搏的硬气和韧劲，又彰显出勇于开拓、富于冒险的气魄和胆略。

2023年，是习近平总书记亲自擘划、部署和推动浙江实施“八八战略”20周年，也是他嘱咐和指导绍兴谱写新时代“胆剑篇”20周年。20年前，时任省委书记习近平同志亲自指导绍兴总结提炼“卧薪尝胆、奋发图强、敢作敢为、创新创业”的胆剑精神。之后，他又多次并在多个场合阐述过胆剑精神。2023年9月20日，习近平总书记回浙江视察绍兴时，又一次嘱咐绍兴干部和人民，要继续奋发努力，谱写好新时代“胆剑篇”。这是对我们的莫大鼓励和鞭策，是激励绍兴人民持续推进中国式现代化市域先行实践的强大动力。

时间镌刻崭新的年轮，岁月见证奋斗的足迹。

20年来，绍兴人民始终牢记习近平总书记的殷殷嘱托，忠实践行“八八战略”，大力弘扬胆剑精神，绍兴发生了全方位、深层次、系统性的精彩蝶变，实现了从资源小市向经济大市、总体小康向高水平全面小康的历史性飞跃，高起点开启现代化建设新征程。

逐梦惟笃行，奋进正当时。站在“八八战略”实施20周年的新起点上，绍兴将锚定“勇闯中国式现代化市域实践新路子”的新定位，牢记嘱托，不负使命，在接续奋斗中，更加自觉地弘扬胆剑精神，更加主动地挺膺使命担当，奋力谱写好新时代的“胆剑篇”，让承载着厚重文脉和时代鲜活风采的胆剑精神，在波澜壮阔的时代发展大潮中，绽放出更加绚丽多彩的光芒。

本书作者刘孟达同志当年曾参与总结提炼、宣传释读胆剑精神的一些具体工作。近年来，他利用业余时间继续从事胆剑精神研究，且笔耕不辍，其精神可嘉可勉。本书是他这些年来勤奋耕耘的重要成果，也是目前国内第一本系统研究胆剑精神的学术专著。本书从历史和现实维度对胆剑精神的科学内涵、历史逻辑、文化蕴涵以及它的时代价值和弘扬路径，提出了一些具有学术价值的新观点。从总体上看，本书坚持学术性、突出时代性、注重可读性，史论结合，说理透彻，既有较强的历史厚重感，又有一定的理论深刻性，是一部解释、宣传和弘扬胆剑精神的重要读本。我相信，本书的出版，对进一步推动绍兴优秀传统文化的创新性发展和创造性转化，是大有裨益的。

是为序。

2023年10月10日

（作者系哲学博士，浙江省人大常委会原副主任，浙江省文史研究馆馆长，浙江省党建研究会会长）

序二
守护好生命共同体的精神家园

董振华

习近平总书记在庆祝中国共产党成立95周年大会上的讲话中指出，“文化自信，是更基础、更广泛、更深厚的自信。在5000多年文明发展中孕育的中华优秀传统文化，在党和人民伟大斗争中孕育的革命文化和社会主义先进文化，积淀着中华民族最深层的精神追求，代表着中华民族独特的精神标识”。这一重要论述，深刻揭示了人类文明薪火相传的文化基因，也深刻阐明了中华民族文化自信的深厚基础。我们党把文化自信与道路自信、理论自信和制度自信并提，充分表明了中华民族伟大复兴进程中的文化自觉。

文化是人们在生命实践中所获得的生命体验。这种生命体验在生命实践中不断丰富和发展，在一个生命共同体中获得认同、传播和传承，从而作为一个人类群体的生活样式和共同价值被普遍认同和遵循，凝聚成为一个民族的精神标识。

文化是人类的存在方式，是人之所以成为人的根本标志。“我是谁”这个问题的发问，从一开始就意味着主体性的觉醒，也是人之所以成为人的精神自觉。动物只有对世界的感觉，没有自我意识，更不会像人类那样拥有思想，因此动物说不出一个“我”字来。“本质先于存在”，这一论断是对动物生命属性的生动写照。动物的生命属性是先天设定的，当受精卵形成那一刻开始，它的本质就已经确定了。这就是由其自然基因所决定的生物存在方式，即本能，也就是人们常说的“龙生龙，凤生凤，耗子生下来会打洞”。

人虽然是动物，也具备自然属性，但这不是人的根本属性。从严格意义上说，一个人出生的时候还不能称之为人，只能说具有这样本能的动物出生了。但是，从出生的那一个刻开始，他就进入了人类社会，在家庭中被抚养，在文化中被教化，渐渐地生成了另一种属性，即社会属性。这种属性不是自然属性，而是文化属性。人的生命离不开本能，但是本能还不是人的生命,人只有在本能的基础上按照文化属性超越本能而存在的时候,才是真正的人的生命。所以说,对人来讲不是“本质先于存在”,而是“存在先于本质”。人在既有的文化中不断生成,又在自为的活动中生成文化。这一点正如马克思在《关于费尔巴哈的提纲》中所指出的,“环境的改变和人的活动或自我改变的一致,只能被看作是并且合理地理解为革命的实践”。正是一代又一代现实的、历史的活动着的人们的生活实践中,文化得以创造、积淀、传承和发展。正如马克思指出的,“人们自己创造自己的历史,但是他们并不是随心所欲地创造,并不是在他们自己选定的条件下创造,而是在直接碰到的、既定的、从过去承继下来的条件下创造”。所以,文化本身就是一个社会性、历史性的存在范畴。

可见,实质上“文化”不是一个名词,而是一个动词。《周易·系辞》云:“物相杂,故曰文。”各种线条、色彩交织在一起,便称作“文”,引申指对人的天性进行修饰,所以“文”的对义词是“质”。文和质,可谓一表一里,文质相称,相得益彰。质以文而显,文以质为本。正如孔子所说:“质胜文则野,文胜质则史,文质彬彬,然后君子。”所谓文化,就是以文化人,教化以文明。《周易·贲卦·彖传》曰:“刚柔交错,天文也;文明以止,人文也。观乎天文,以察时变,观乎人文,以化成天下。”文化是一个民族的生活样式,是相对稳定的世界观、人生观和价值观,是在历史中生成又在历史中不断传承的精神标识。

文化,是国家和民族兴旺发达的重要支撑和基本内容。没有文化发展,便没有国家民族的兴盛。丘吉尔有句名言:我宁可失去一个印度,也不愿失去一位莎士比亚。2013年12月,习近平总书记在山东考察时深刻地指出:“一个国家、一个民族的强盛,总是以文化兴盛为支撑的,中华民族伟大复兴需要以中华文化发展繁荣为条件。”中国是一个文化大国,中华文化历史悠久、积淀深厚、博大精深、源远流长,上下五千年、纵横八万里,物质层面的“四大发明”、丝绸之路、浩瀚文物,精神层面的家国情怀、君子人格、魏晋风度、盛唐气象等都给世人留下了难以磨灭的记忆和印象。一个民族的文明进步,一个国家的发展壮大,需要一代又一代的文化积淀、薪火相传与发展创新。国家强盛,则文化兴盛。没有文化的弘扬和繁荣,就没有中华民族伟大复兴的中国梦的实现。

文化既是历史的也是现代的，既是无形的又是有形的，既是稳定的又是流动的，是和人们的日常生活须臾不可分离的精神元素。一个国家、一个民族如此，一个地区、一个城市也是如此。城市精神是一座城市独具特质的精神品格，是一个城市的文化标识，彰显着一个城市的特色风貌。它镌刻在城市发展的丰厚历史中，闪耀在城市建设的鲜活场景中，浸润在城市生活的生动实践中，氤氲在城市文化的血脉情怀中。城市精神是城市软实力的核心所在，对城市的生存与发展具有巨大的灵魂支柱作用、鲜明的旗帜导向作用和不竭的动力源泉作用。

作为绍兴城市精神内核的胆剑精神，彰显着绍兴市民普遍认同的思维方式、精神特质和品格修养。习近平总书记在浙江工作期间，曾20多次到绍兴考察调研，悉心指导绍兴总结提炼胆剑精神，并对弘扬“胆剑精神”作出重要指示。杭州亚运会开幕前夕，习近平总书记来到绍兴，又一次语重心长地嘱托和勉励绍兴干部群众“谱写新时代的‘胆剑篇’”，充分体现了习近平总书记和党中央对绍兴工作的高度重视、深厚关怀，在绍兴发展历程中具有重要的里程碑意义。

对绍兴来说，在以中国式现代化全面推进中华民族伟大复兴的新征程中，奋力谱写新时代的“胆剑篇”，既是牢记嘱托、感恩奋进的激情彰显，也是“敢为善为、图强争先”的责任担当。

是为序！

2023年10月26日

［作者系中共中央党校（国家行政学院）哲学教研部副主任、博士生导师、二级教授，中国辩证唯物主义研究会执行副会长］

序三

奋力谱写新时代的“胆剑篇”

胡　坚

中国式现代化是全体人民共同富裕的现代化，既离不开物质文明的丰盈，也离不开精神文明的繁荣。两者总是如影随形、跬步不离的。一个国家、一个民族如此，一个地区、一个城市也是如此。

城市精神是一座城市独具特质的精神品格，“彰显着一个城市的特色风貌”[①]。它镌刻在城市发展的丰厚历史中，闪耀在城市建设的鲜活场景中，浸润在城市生活的生动实践中，氤氲在城市文化的血脉情怀中。城市精神是城市软实力的核心所在，对城市的生存与发展具有巨大的灵魂支柱作用、鲜明的旗

① 习近平2015年12月20日至21日在中央城市工作会议上的讲话。

帜导向作用和不竭的动力源泉作用。一座城市如果没有精神品格,就没有准确的核心理念定位,也就没有奋勇争先的动力源泉。因此,要更加自觉地弘扬城市精神,让核心价值凝心铸魂、让文化魅力竞相绽放、让现代治理引领未来、让都市风范充分昭示,为提升城市软实力,创造时代新奇迹、展现现代新气象提供不竭动力源泉。

城市精神的五大功能:一是激励功能。城市精神作为一种无形的力量,能够激励全体市民奋发进取、积极向上,形成城市强大的力量。二是凝聚功能。能够起到凝聚人心的作用,使全体市民产生自豪感和向心力,引导市民热爱城市,并为城市发展做出自己的努力。三是规范功能。城市精神是一个城市共同的宗旨、信念和价值观,能够规范市民的行为,形成良好的社会风气和行为习惯。四是识别功能。一个城市的精神是城市最重要的辨识和形象,是独具韵味别样精彩的城市形象的反映。五是导向功能。城市精神是一个城市走向未来的灵魂与核心,是城市发展的目标与方向,是承载城市梦想的集中体现。

作为绍兴城市精神内核的胆剑精神,彰显着绍兴市民普遍认同的思维方式、精神特质和品格修养。

习近平总书记在浙江工作期间，曾20多次到绍兴考察调研，悉心指导绍兴总结提炼胆剑精神，并对弘扬“胆剑精神”作出重要指示。杭州亚运会开幕前夕，习近平总书记来到绍兴，又一次语重心长地嘱托和勉励绍兴干部群众“谱写新时代的‘胆剑篇’”，充分体现了习近平总书记和党中央对绍兴工作的高度重视、深厚关怀，在绍兴发展历程中具有重要的里程碑意义。

一个拥有自己灵魂的城市，就拥有了发展的根本；一个拥有自己灵魂的城市，也必将拥有美好的未来。对绍兴来说，要牢记习近平总书记“全力谱写新时代的‘胆剑篇’”的殷殷嘱托，进一步坚定信心决心，拿出勇敢立潮头、永远立潮头的志向和气魄，不断增强改革精神、创业精神、创新动力，在高质量发展中抢占先机、把握主动、赢得未来，为推进中国式现代化提供更多绍兴经验，作出更大绍兴贡献。

本书作者刘孟达同志长期在高校、党校和宣传文化部门工作，具有较强的学术涵养。他积十余年教学科研之成果，从胆剑精神的内涵特质和提炼过程入手，以认知规律为纲，对其形成的时代背景、历史逻辑、思想基础、文化蕴涵作了探析。在此基础上,以学理思辨为目,对胆剑精神的坐标维度、时代价值、弘扬路径进行剖释。思路清晰,观点新颖,逻辑严谨,体现了三个方面的特色。一是坚持学术性。注重强化学理支撑,从历史文献中寻找胆剑精神源头,悉心挖掘胆剑精神的原生形态以及与之相关的史事与人物。同时,注重史料的真实与全面,注重论述的客观与严谨,注重表述的规范和准确。这说明,作者对胆剑精神的研究不是平面的,而是立体的,有相当的纵深感和丰厚度。二是突出时代性。把胆剑精神放置于实现中华民族伟大复兴中国梦的大背景中,以习近平新时代中国特色社会主义思想为指导,揭示胆剑精神在忠实践行"八八战略"、培育和践行社会主义核心价值观等方面发挥的激励和助推作用,阐释了胆剑精神的时代价值和弘扬路径。三是注重可读性。坚持学术严谨性、史实准确性和表达通俗性有机结合,运用浅显易懂的语言,把讲故事与讲道理结合起来。说理透彻、深入浅出;形式活泼、图文并茂,有较强的可读性和吸引力。

总之,本书是一部深入解读和研究越地思想文化和城市人文精神的参考读物,很值得对城市精神、越地文化和相关方面比较关心的读者一阅,从中一定会有不小的启迪与收获。期待孟达有更多的学术成就,期待读者有更多的学习体验。

是为序。

2023 年 10 月 18 日

(作者系中共浙江省委宣传部原常务副部长,浙江省人民政府参事,浙江省钱塘江文化研究会会长)

目录

第一章　导论：从城市精神说开去

第二章　胆剑精神的内涵阐释

第三章　胆剑精神形成的时代背景

第四章　胆剑精神形成的历史逻辑

第五章　胆剑精神形成的思想基础

第六章　胆剑精神形成的文化蕴涵

第七章　胆剑精神的时代价值

第八章　胆剑精神的弘扬路径

第一章　导论：从城市精神说开去

改革开放40多年来，特别是党的十八大以来，作为首批国家历史文化名城和东亚文化之都，绍兴在致力于推动城市做大做强的同时，努力转向发展质量的提升、建设成果的共享和城市精神的弘扬。胆剑精神作为绍兴城市精神的内核，已成为最为闪亮的文化标签。当前，站在新的历史起点上，忠实践行“八八战略”，大力弘扬胆剑精神，以“敢为善为，图强争先”的奋斗姿态，加快建设高水平网络大城市，全力打造新时代共同富裕地，率先走出争创社会主义现代化先行省市域发展之路，具有特别重要的时代价值和现实意义。

第一节　城市精神概述

城市精神是一座城市的灵魂，是一个城市综合竞争力的硬核。诚如习近平总书记所指出的："人无精神则不立，国无精神则不强。精神是一个民族赖以长久生存的灵魂，唯有精神上达到一定的高度，这个民族才能在历史的洪流中屹立不倒、奋勇向前。"①

一、城市精神的内涵

城市精神是城市的历史文化、城市形态格局和市民的价值观念、思想情操、道德素养和社会风尚等要素的集中体现。

1. 城市精神是城市独具特质的精神品格

每一座城市由于不同的历史文化、建筑风格、形态格局，都会形成自己独特的历史和文化、鲜明的个

① 习近平：《弘扬伟大长征精神，走好今天的长征路》，《习近平谈治国理政》（第二卷），北京：外文出版社，2017 年，第 47—48 页。

性和表现符号，并由此显露出特殊的气质。城市精神是对城市历史、政治、经济、文化和社会的综合反映，是对城市意志品格与文化特色的精确提炼，是结合城市的历史文化、自然环境、时代特征等形成的一种城市特色，是城市独具特质的精神品格。

2. 城市精神是市民认同与共同追求的精神价值

市民是城市精神的创造者，也是城市精神的践行者。城市精神是市民的价值取向、思维方式、生活方式、行为方式的集中体现，是对广大市民共有的精神面貌、涵养和修为的高度浓缩。她集中彰显出市民的文明素养和道德理想，概括了市民的生活信念与人生境界；她不仅规范着市民的行为，还是确保一个城市具有凝聚力和向心力的根基。

3. 城市精神是城市的历史、现实与未来的统一

城市精神来源于城市，是在城市历史、现实发展的基础上形成的。它继承了城市历史的“灵魂”，展示着城市现实发展的“脚步”。同时，城市精神还具有前瞻性和导向性，引领着城市的未来。她作为一种精神力量，是一种潜在的社会发展催化剂和推动力量，指引着城市的发展方向。

二、城市精神的特征

人最需要的是灵魂，城市也是如此。灵魂的塑造，归根到底是一种精神的塑造。一座城市与其他城市最大的区别也就在于精神的差异，或者说，真正令人难以忘怀的就是具有独特精神的城市，即她的不可替代性。

1. 市民是塑造和践行城市精神的内在基因

城市是活生生存留于城市空间和时间中的生命的热度、岁月的痕迹、文化的积淀，是人们日常生活的家园。本质上，城市的盛衰荣辱归根结底在于城市生活的市民。正是自带“精神流量”的每一个市民，塑造城市精神之美，成就城市的高质量发展。市民是塑造和践行城市精神的内在基因。这也是城市治理能力建设的基本逻辑。

2. 城市精神必须具有鲜明的个性特质

与企业一样，城市精神也是城市CIS系统（城市形象标识系统）工程的重要内容。它包含理念（精神）识别、行为识别、视觉（标志或标识）识别等。其中，贯穿始终、最关键的要素就是“识别”。一座城市要想提炼出具有识别性的城市精神，就必须把握这座城市内在的文化底蕴和未来发展方向，提炼出其最具识别性的精神理念，同时包括城市人的行为准则、城市标志等。只有这样，才能让人们感受一个城市市民的思维逻辑和价值取向。

3. 提炼城市精神是城市建设的精神驱动

一个城市的城市精神必须包含继承传统、反映时代、引导未来等方面。有什么样的城市精神，便会培育涵养什么样的城市品格。如果把物质的城市化比作弓，把有独特精神的城市化比作弦，把城市建设比作箭，那么无疑城市的竞争力来自它们的相互作用。弓和弦品质越好，搭配越恰当，所形成的力越大，城市建设之箭射得就越远，城市的竞争力也就越大。

三、城市精神的载体

一位诗人说，人生有两样东西不会忘怀：一个是母亲的面孔，一个是城市的面貌。城市精神不仅通过市民的人文素质、精神风貌和价值观念等展示出来，它还通过城市建筑、雕塑、遗迹、公共空间、园林绿地等载体来体现。

1. 城市建筑

城市建筑是被物化了的城市记忆，也是城市精神的重要载体之一。城市通过建筑艺术来表现市民的文化水准、风俗习惯、民族风情、价值取向等，同时这也表明了市民对建筑的审美追求。一个城市的建筑风格所表现出来的或传统、或时尚、或古典、或浪漫的建筑性格，从一个侧面反映了城市的精神面貌和风土人情。经典建筑带给市民的是一种无形的精神升华。优秀的城市建筑代表着城市的精神面貌，能够形成良好的城市精神文明和道德风尚。

2. 城市雕塑

城市雕塑，是城市精神可视的独特载体。城市精神是城市雕塑的灵魂，是城市雕塑的必需基质。

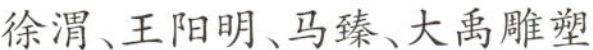
徐渭、王阳明、马臻、大禹雕塑

鲁迅雕塑

通过优秀的城市雕塑就能迅速地读懂一座城市的过去、现在和未来，了解到一个城市的历史传统和文化变迁，感受到一个城市独特的审美情趣和风土人情。

因此，城市雕塑逐渐演变成为城市精神的重要载体，成为一个城市独特的“文化名片”。

3. 城市遗迹

城市遗迹是前人智慧的积淀，是城市的历史记忆，也是城市内涵、品质、特色的重要标志。这些城市的文化遗产，在市民共同的生活情境中形成了深厚的“地方感情”，建构起微观基础上的“地方认同”。保护和开发城市遗迹，延续它们的规划格局和风貌特色，可以体现城市精神非常丰富且厚重的历史内涵。借助城市遗迹的独特性和唯一性，可以提升城市的文化品质，显现城市独具特质的城市精神。

4. 城市公共空间

城市公共空间包括城市街道、城市广场、公园、

蔡元培广场

城市广场

体育场地等，是城市精神的重要载体。城市街道不仅是城市景观的血管，更是城市的一种凝固的文化，

是一个城市的显性标志。街景是展现城市魅力和城市精神的重要途径，体现了城市的生命力和影响力。城市广场是城市文化的融合，是城市的一张名片。在一定程度上，城市广场肩负着体现城市气派、彰显城市形象、象征城市精神的重任。

5. 城市园林绿地

城市园林绿地是城市精神的重要载体。“城在绿中、路在林中、人在景中”的城市美景，为市民提供安全、健康、舒适的绿色休憩共享空间，是提升市民幸福指数的“地标建筑”。它不仅提升了城市颜值，更加丰富了市民的绿色生活方式，而且让市民从“赏绿”升级成“享绿”，接受生态和园林文化的熏陶，从而提高精神境界和生活情趣，增进对城市精神的归属感、幸福感和满意度。

第二节　绍兴城市精神的三次提炼

城市精神不是一个“横断面”，而是一个源远流长、内涵丰富、分量厚重的精神谱系。如果城市有记忆，那么它会悄悄地告诉你：在每个关键历史时期，她都会以思想意识变革为先导,转身背后都有人文精神的指引。改革开放以来,绍兴对城市人文精神曾经作过三次提炼。由此,作为城市人文精神,绍兴精神的内涵不断丰富与拓展,充分展现了绍兴人民高度的文化自觉和文化自信。

一、发端于改革开放初期的"四千精神"

"四千精神"即"走遍千山万水,说尽千言万语,想尽千方百计,吃尽千辛万苦"。这是伴随着改革开放之初社队企业的出现应运而生的。20 世纪七八十年代,家庭联产承包责任制使农村生产力开始得以解放,社队企业蓬勃兴起。那个时候,创办和发展社队企业,对农民来说,谈何容易。但是,为了解决温饱、改善生活,不得不杀出一条血路,去重视发展社队企业。其间,绍兴人民正是依靠"四千精神",攻克了一个个难关,创出了可歌可泣的业绩。

"四千精神"最早是绍兴县(现柯桥区)提出来的。一开始,是绍兴县双梅乡、华舍镇的一些厂长和供销员,口口相传形成了类似"二千精神""三千精神"的表述。1986 年 9 月 19 日,绍兴向 1.3 万余名乡镇供销员发出关于开展以"五比五看"为主要内容的社会主义劳动竞赛的倡议书，要求供销员发扬“千家万户、千方百计、千山万水、千言万语”的“四千精神”，鼓足实劲，迎战困难，努力奋斗。后来，根据实际情况，将“千家万户”改为“千辛万苦”。这是“四千精神”的首次正式提出。之后，“四千精神”的提法，立刻引起绍兴县委、县政府的高度关注和重视。1987年，中共绍兴县第七届代表大会进一步提出全民、集体企业也要像乡镇企业一样，发扬“四千精神”，积极开拓市场。从此，“四千精神”成为全县企业界乃至全县社会各界的共识。

在那个年代，全县上下既有民营企业家的冲锋陷阵，也有广大党员干部的奋发有为。上至县里的领导，下至乡镇的一般干部，常常是“5+2”“白加黑”，带领乡镇企业人员走南闯北，寻项目、筹资金、引技术、找市场，哪里有需要，就往哪里冲。于是，在没有项目、没有资金、没有原料、没有技术的情况下，因地制宜，因陋就简，设备靠“换旧”，技术靠“退休”，供销靠“朋友”，就凭借“四千精神”，硬是从一个个简单的小作坊起步，经过长期的艰苦创业，形成了一个个拥有较大规模的乡镇企业；硬是从一个个简陋的露天市场、路边市场开始，形成了今天会聚天下商人、商品成交活跃的一个个大型专业市场。“四千精神”是绍兴人民吃苦耐劳、奋发图强、开拓创新精神的生动写照，也是绍兴城市精神的重要内涵之一。

“源浚者流长，根深者叶茂。”进入20世纪90年代，“四千精神”开始从绍兴县、绍兴市扩展至浙江全省，成为浙江干部、企业家和供销人员共同秉持的精神，有力推动各地改革开放和经济建设突飞猛进。随着时代发展与社会进步，绍兴一直在不断传承弘扬并丰富“四千精神”。源于经济领域的“四千精神”，又延伸至政务、文化、社会等领域，对于塑造绍兴“靠作风吃饭、凭实绩说话”的政风、民风，有着引领之功。“四千精神”已刻入绍兴人的骨子里，成为绍兴人敢闯敢干、勇立潮头的内生动力。绍兴人靠着“四千精神”，逢山开路，遇水搭桥，干出了新作为，闯出了新天地，拼出了新发展。

2023年3月13日，国务院总理李强在人民大会堂出席记者会时重谈浙商“四千精神”，其意义非凡。

二、诞生于世纪之交的“绍兴精神”

1988年上半年，随着我国国民经济持续快速发展，由于基本建设投资规模膨胀，出现了经济“过热”

和通货膨胀现象。物价上涨、供应紧张等问题逐步凸显，经济社会发展遇到困难。党的十三届三中全会提出，要把改革和建设的重点突出地放在治理经济环境、整顿经济秩序上。在绍兴，一方面，经济发展还存在着许多不稳定因素，面临着新的挑战、新的考验。另一方面，经济发展中带来的诸多问题和困难又加剧了部分干部群众的悲观情绪。为了用绍兴的优秀传统精神来激励、鼓舞和凝聚全市人民，进一步振奋广大干部群众的改革热情，在1988年3月召开的中共绍兴市委一届七次全会（扩大）会议上，市委提出“要把绍兴历史上爱国主义的史实作为励精图治、振奋民族精神的教材”，并决定在全市范围内开展“绍兴精神大讨论”活动，作为社会主义初级阶段基本路线教育的重要内容之一，引导全市人民汲取绍兴历史文化精华、弘扬发展乡镇企业中涌现出的“四千精神”，进一步认识自我，解放思想，为建设富强文明的绍兴提供精神动力。

在市委宣传部下发《关于开展绍兴精神讨论教育活动的通知》后，许多机关部门和单位积极开展“弘扬绍兴精神，担起时代职责”、优质服务竞赛、企业精神教育、青少年理想情操教育等一系列活动。

许多乡镇企业还通过对近年来生产经营活动的反思，把“绍兴精神”作为克服困难、共度时艰、开拓创新的精神动力。为了有重点、有步骤、分层次地开展研究和讨论活动，营造积极向上、丰富浓厚的舆论氛围，《绍兴日报》开设了“绍兴精神纵横谈”专栏。

“绍兴精神大讨论”活动历时一年多，广大市民踊跃参与，光是讨论稿件和来信就达200多篇。最终，讨论形成了“发愤图强”“忧患求变、务实图强”“献身、自强、求实、创新”“勤、智、韧、创”“自立、自奋、自强、创新”“勤奋、务实、求新、敢为”“励精图强、发愤创业”“耐劳苦、权机变、图奋发”等二十余种比较集中的表述语。

这里，来自绍兴县（现柯桥区）的一种观点颇具新意。他们认为：绍兴精神的实质就是“四千精神”，其表现形式是“勤、智、韧、创”。二者蕴含着密切的内在联系。“四千精神”实际上就是对“勤、智、韧、创”四个字的形象化的表述。正是因为绍兴人勤劳而富于智慧、坚韧而勇于创业，所以才能“走遍千山万水，想尽千方百计，说尽千言万语，吃尽千辛万苦”。诚然，“四千精神”是我县乡镇企业初创阶段所倡导的精神。当年，在搞横向联系、办乡镇企业、兴农村经济，就是靠“四千精神”感动了不少“上帝”，引进了我县经济发展所急需的资金、设备、技术、人才和原材料，从而打下了良好的经济基础。今后，要在更高的层次上振兴绍兴经济，所面临的困难很大，压力很重。在这种情况下，要有所作为、有所发展、有所前进，没有一种积极、健康、向上的精神是不行的。“四千精神”没有过时，也不会过时，它只会随着时代的前进而不断地增添新的内容。它作为一种韧性的战斗精神，一种艰苦的创业精神，日益为广大的农村干部、众多的企业能人以及社会各行各业的人们所接受、所发扬，成为一种全社会倡导的精神力量。“四千精神”是绍兴历史上传统精神在现时代最生动、最形象的体现，是中华民族自力更生、艰苦创业这一民族精神的地方化、具体化。通过这次绍兴精神的讨论活动，就是要在全县人民中弘扬“四千精神”，把全县人民群众的力量凝聚起来，振奋起来，为进一步振兴绍兴经济提供强大的精神力量。

事实确实如此。由于种种原因，“绍兴精神大讨论”活动没有及时总结提炼出立意高远、通俗精准、语言凝练的表述语。直到2000年，绍兴市委经过深入研讨、反复酝酿，结合“总结绍兴经验，弘扬绍兴精神，开拓绍兴未来”教育活动，才正式将“绍兴精神”的表述语确定为：“坚韧不拔、奋发图强、崇尚科学、务实创新”。此后，全市人民大力弘扬绍兴精神，人心思齐，步调一致，以昂扬向上的精神状态，阔步迈向新世纪，奋力书写经济社会高质量发展的崭新答卷。

三、得益于习总书记亲自指导的“胆剑精神”

时任浙江省委书记的习近平同志对总结和提炼“胆剑精神”内涵作出了原创性贡献。

从2003年到2005年，习近平总书记在担任浙江省代省长、省委书记期间，曾亲自指导绍兴总结提炼并多次阐述“胆剑精神”。他在主政浙江期间，非常重视一个人、一个群体或一个地区的精气神。他常常告诫身边工作人员：“做事要有一股昂扬向上、积极进取的精气神。”2004年3月25日，习近平同志在《之江新语》中写道：“良好的精神状态，能极大地激发人的智慧和潜能，产生巨大的力量，从而克难制胜，成就事业。”[①] 他多次强调，一个人最重要的是

---

① 习近平：《发展出题目，改革做文章》，《之江新语》，杭州：浙江人民出版社，2007年，第40页。

要有自信、自强、自立的精神品格，要有不怕困难、不怕挫折、不怕风险的英雄气概。事业能否成功，要看有没有战胜困难的决心，有没有不怕挫折的意志力，有没有敢冒风险的决断力。“看一个人的精神，不仅要看他在顺境时的状态，也要看他在逆境中的意志；看一个人的能力，不仅要看他在顺境基础上的表现，也要看他在困境中的作为。”①

2003年下半年开始，为了有效防止国内经济“过热”现象，抑制通货膨胀，国家陆续出台了一系列“收缩型”的宏观调控措施。以传统产业为重要支柱、“两头在外”（即资源、市场）为主要特征的绍兴经济，面临着土地、资金及原材料等生产要素紧缩，各项经济指标快速下滑。不久，在时任浙江省委书记习近平同志亲自擘画下，省委出台了以破解“成长的烦恼”为突破口，旨在实现浙江经济社会可持续、高质量发展和大力提升区域竞争力的宏伟战略——“八八战略”。

对于贯彻落实“八八战略”，习近平同志高度重视。他说：“就浙江而言，今年抓落实，就是要紧紧围

① 习近平：《困境之中见精神》，《之江新语》，杭州：浙江人民出版社，2007年，第214页。

绕‘八八战略’的重大决策和部署来进行。……全省上下必须思想高度重视，必须摆上重要位置，必须结合实际贯彻，必须狠抓工作落实。”[①] 对绍兴来说，就是要弘扬胆剑精神，将“八八战略”落到实处。2004年3月，习近平同志在省十届八次人代会期间，在参加绍兴代表团审议时说，绍兴有很多典故值得我们借鉴和学习。今天，我们弘扬越王勾践卧薪尝胆、“十年生聚，十年教训”的精神，就是要围绕全面建设小康社会、提前基本实现现代化的目标，卧薪尝胆，艰苦奋斗，努力谱写新时期的“胆剑篇”。同年7月，习近平同志在中共绍兴市委呈送的一份题为《发扬胆剑精神，谱写新时期的胆剑篇》的材料上批示：“……按照胡锦涛总书记‘七一’重要讲话精神，认真践行‘三个代表’重要思想，结合绍兴实际，与时俱进、开拓创新，扎实工作、勤政为民，谱写好新时期的‘胆剑篇’。”[②] 8月，习近平同志专程赴绍兴调研，他在听取绍兴市委、市政府工作汇报后，再次强调指出：“要进

---

① 习近平：《抓而不实，等于白抓》，《之江新语》，杭州：浙江人民出版社，2007年，第32页。

② 王永昌：《“习书记指导绍兴谱写新时期的‘胆剑篇’”》，《学习时报》，2021年3月15日。

一步把广大基层干部加快发展的积极性引导好、保护好、发挥好。要大力弘扬‘胆剑精神’。过去有一部历史剧《胆剑篇》,专门描写越王勾践卧薪尝胆、奋发有为,这种精神很好。越王勾践生于绍兴,绍兴更要发扬‘胆剑精神’。”①

习近平同志多次提到“胆剑篇”“胆剑精神”,因为春秋末年越王勾践“卧薪尝胆”的历史典故就发生在绍兴。20世纪60年代初期,我国文艺界还以这个典故为基本素材,创排过一出名为《胆剑篇》的话剧。当时,新中国面临成立以来严重的经济困难。为了鼓舞人民的斗志,时任中国文联主席郭沫若指示北京人民艺术剧院院长曹禺以及梅阡、于是之等艺术家创排了一出五幕话剧《胆剑篇》。他们满怀高昂的政治热情,用这个古老的故事去拨动人民的心弦,砥砺人民的斗志,旨在激励全国人民自强不息、攻坚克难的信心。该剧通过越王勾践败于吴王夫差而后卧薪尝胆、发愤图强的故事,激励人们只要卧薪尝胆、奋发自强,就能够战胜敌人。该剧

① 王永昌:《“习书记指导绍兴谱写新时期的‘胆剑篇’”》,《学习时报》,2021年3月15日。

公演后，受到了周恩来、郭沫若、茅盾以及一批著名艺术家的普遍好评。

显然，习近平总书记要求绍兴奋力谱写“胆剑篇”的深邃旨意，也正是在于：面对前所未有的困难和挑战，要满怀自强不息的勇气，激发艰苦奋斗的毅力，磨砺攻坚克难的意志。他那敏捷的睿智、严谨的思维、广博的见识，增强了我们知难而进，积极推进产业转型升级的坚定信心。习近平总书记谆谆教导我们：历史是一面镜子，它观照现实，也警示未来，要善于从历史中汲取智慧和力量。这对市委总结提炼“胆剑精神”具有重大而深远的指导意义。

牢记嘱托，感恩教导。在习近平同志的亲自擘画和指导下，2004 年 7 月 15 日，绍兴市委相关部门在前期广泛征集、学者评议、专家座谈的基础上，召开了“弘扬胆剑精神，落实科学发展观”专题研讨会。在此基础上，历时三个月，最终形成了十六字的“胆剑精神”表述语，即“卧薪尝胆、奋发图强，敢作敢为、创新创业”。7 月 30 日在市委五届三次全会（扩大）会议上，正式提出要大力弘扬新时期的“胆剑精神”。随后，市委成立弘扬“胆剑精神”宣讲团。从 8 月初开始，《绍兴日报》连续发表 5 篇特约评论员文章，大力营造弘扬胆剑精神的舆论氛围，在社会各界引起强烈反响，获得了广泛的社会共识。8 月 24 日，习近平同志在绍兴考察调研时明确要求绍兴“大力弘扬卧薪尝胆、奋发图强、敢作敢为、创新创业的‘胆剑精神’”。这是习近平总书记首次对胆剑精神作出了完整的、科学的、精要的概括和界定，为我们把握、领会和弘扬胆剑精神提供了理论遵循和行动指南。

“惟其磨砺，始得玉成。”从此，绍兴在阔步走向全面建设小康社会和中国式现代化建设的征程中，有了习近平总书记亲自擘画和部署的“八八战略”的指引，也有了习近平总书记亲自倡导和指导的胆剑精神的激励，绍兴传统产业“腾笼换鸟”“凤凰涅槃”有了指路明灯，全市上下不断打开思想空间、认知空间和发展空间，推动绍兴乃至浙江发生了全面深刻、影响深远的精彩蝶变。

第三节 与时俱进的胆剑精神

城市精神凝聚着一座城市的思想灵魂，彰显着一座城市的特色风貌。胆剑精神是绍兴的地域文化与城市个性、历史承续与时代发展、内在禀赋与外在形象的辩证统一，是在新时代、新征程的语境下，绍兴勇闯中国式现代化市域实践新路子的力量源泉。尽管胆剑精神具有表述上的恒定性，但同时也具有诠释、传播和践行上的创新性。

一、在历史演进中厚植胆剑精神的文化情怀

城市精神蕴含多个层面的内涵和意蕴。它是对城市发展形成的品格和特质的价值抽象，既有历史积淀，也有时代特征。因此，任何一种城市精神都不是封闭的、故步自封的，而是开放的、革故鼎新的。

历史是最好的教科书，也是最好的营养剂。众所周知，胆剑精神并非吴越称霸时期的尚武与复仇，不是魏晋时期的风流与倜傥，也不是两宋时期的文雅与

神韵。随着历史的演进、时代的进步，胆剑精神所蕴藏的内涵变得越来越丰富和厚重。回望历史，便可窥见一斑。王充“实事疾妄”的大无畏批判精神，陆游“家祭无忘告乃翁”的爱国主义精神，王阳明“心即理，知行合一，致良知”的高扬自我主体意识的创新精神，王十朋“慷慨以复仇，隐忍以成事”的刚毅精神，“辛亥三杰”的献身精神，蔡元培“兼容并包”的革新精神，鲁迅冲破网罗、敢于解剖“国民劣根性”的战斗精神，等等，都无不充盈着、丰富着胆剑精神的内涵，经此演进而来的胆剑精神无疑是一笔无比宝贵的精神财富。

历史是过去的现实，现实是未来的历史。胆剑精神自诞生之日起，就准确而凝练地概括了绍兴的城市品格和与时俱进的精神风貌，体现着绍兴厚重的历史沧桑、丰富的文化积淀、昂扬的时代风采。为此，要从历史演进中，厚植胆剑精神的文化情怀。一要赓续“卧薪尝胆，奋发图强”的精神血脉，在持续奋斗中，有底气坚定自信，有胆魄增强定力。二要永葆“敢作敢为，创新创业”的精神状态，决不能让“佛系”“拼爹”“躺平”等消极颓废的心态毒素侵害奋斗者的价值肌体，大力倡导“敢为，敢闯，敢干，敢首创”。三要汲取“敢为善为，图强争先”的精神力量，滋养舍我其谁的豪气，见旗就扛的锐气，敢争第一的勇气，敢当“比学赶超、争先进位”的排头兵。

进入新时代，要从“坚定历史自信、把握历史主动”的高度，将胆剑精神融入时代大潮中，与新时代社会主义共同富裕的现代化建设和浙江省“八八战略”紧密融合起来，并以胆剑精神进一步充实“五个率先”的丰富内涵与时代特质，助力实现“五个率先”。

大力阐释与宣扬胆剑精神，提高胆剑精神的知名度与越文化的感召力，并与东亚文化之都的建设紧密结合起来，形成绍兴闪亮的城市名片。在绍兴悠久的历史、奋进的现在以及希望的未来中，胆剑精神将永远闪耀着夺目的光辉；在绍兴繁荣的经济、灿烂的文化、秀丽的环境中，胆剑精神蕴含着生生不息的力量。

二、在感恩奋进中涵养胆剑精神的时代品格

城市精神既为时代所蕴育，也理应立足时代，服务时代。20 多年前，时任浙江省委书记的习近平同志顺势应时，将原来“自强不息、坚韧不拔、勇于创新、讲求实效”的浙江精神，赋予更丰富、更精到的内涵，提出了与时俱进的浙江精神，即“求真务实、诚信和谐、开放图强”，成为浙江人民精神世界变革的新坐标。

10 多年前，习近平总书记在上海工作期间，审时度势，在上海原有的“海纳百川、追求卓越”城市精神基础上，与时俱进地增加了“开明睿智、大气谦和”的表述。正是这个更臻完善、更具高度的新“上海精神”，成为引领上海不断迈向国际化大都市的新航标。

同样，胆剑精神在不同历史时期都对绍兴这座城市产生了极其深远的影响，体现了一代又一代绍兴人“敢教日月换新天”的豪情壮志，激励着一批又一批后来人“咬定青山不放松”的执着与奉献。当今时代，与时俱进的胆剑精神，也应该酣畅淋漓地展现她的时代风范，彰显她的时代特质。

鉴古知今，感恩奋进。20 年来，在省委“八八战略”的指引下，绍兴弘扬“胆剑精神”，以拼搏凝墨，以实干运笔，勾勒出一幅浓墨重彩的发展力作。全市经济社会各项事业精彩蝶变，亮丽的数据记录着巨变的发展轨迹。2002—2022 年，全市生产总值从 886 亿元增加到 7351 亿元；城乡居民人均可支配收入从 11746 元、5690 元，分别增加到 76199 元、45709 元，实现了从资源小市向经济大市、总体小康向高水平全面小康的历史性飞跃。

——20 年来，绍兴持续打好转型升级组合拳，全力打造先进制造业基地，并加快新旧动能转换，“酒缸、酱缸、染缸”等传统产业转型升级，“芯片、药片、刀片电池”等新兴产业异军突起。获批集成电路、生物医药、先进高分子材料、智能视觉4个省“万亩千亿”新产业平台，连续10年获省“腾笼换鸟”考核先进市。国家高新技术企业达到2605家，入选国家创新型城市。充分发挥乡贤作用，壮大“地瓜经济”，市场主体大幅增加，上市企业从13家增加到98家。

焕然一新的镜湖新区鸟瞰图

——20年来，绍兴推动城乡建设有机更新，实现品质形象大提升。推动融杭联甬、市域协同、三区融合、古城新城联动发展，有效激发县域经济活力。市区面积从337平方公里扩展到2942平方公里，城镇化率从50%提高到72%。全域推进“五星达标、3A争创”，推进农村宅基地制度改革全国试点、闲置农房激活等重大改革，实施欠发达乡村奔小康工程。人民生活水平显著改善，群众获得感幸福感不断提升。

——20 年来，绍兴深入践行“绿水青山就是金山银山”理念，推动人文生态，实现底蕴底色大提升。全力建设文化高地、美丽绍兴，高标准建设文创大走廊和浙东唐诗之路、浙东运河、古越文明文化带，探索形成古城保护利用的“绍兴模式”，成功入选“东亚文化之都”。坚持生态塑韵，统筹推进“五水共治”“三改一拆”等，生态环境显著改善。尤其是浙东运河沿线

浙东运河（越城、柯桥段）剪影

浙东运河博物馆

呈现出“生态景更美、文化韵更浓、共富路更宽”的绚丽景象。水润浙东惠民生，精神传承筑新梦，一幅幅幸福的美好画卷正在古越大地徐徐展开。

乘风破浪潮头立，扬帆起航正当时。当下，“山更青、水更秀、产更兴、人更富”的绍兴，正站在新的更高起点上。绍兴将牢记习近平总书记的殷切嘱托，更加深入贯彻落实习近平总书记对绍兴的重要指示精神，以“图更强、争一流、敢首创”的英雄气概，以“敢为善为，图强争先”的昂扬姿态，秉持“胆剑精神”，凝聚磅礴力量，踔厉奋发，勇毅前行，为勇闯中国式现代化市域实践新路子谱写新篇章。

伟大时代呼唤伟大精神。时代变化和历史方位需要城市精神静中求变，与时代特征和时代要求相契合。无论是“图更强、争一流、敢首创”的翘首企盼，还是“敢为善为，图强争先”的殷切期望，都为新时代胆剑精神注入了崭新的内涵。为此，胆剑精神的涵养要在尊重历史和传承历史的前提下，汲取先进文化、融入时代精神，体现时代特色，增强时代新鲜感。大力弘扬与时俱进的胆剑精神，既是文化自信、敢为善为的魄力彰显，也是赋能发展、图强争先的责任担当。

第二章　胆剑精神的内涵阐释

胆剑精神是在特定历史条件下形成，具有显著的文化底蕴、鲜明的城市特色和独特的时代印记，是绍兴人民共同的价值观念、道德准则和精神品格。自2004年7月中共绍兴市委正式提出并阐明“胆剑精神”以来，学界鲜有对其进行系统的理论研究。本章以“精神”的词源及其哲学意蕴为切入点，引入“原生性”和“新生性”等文化人类学概念，从动态、纵向的视角来研讨和阐述胆剑精神内涵，以期在推动胆剑精神的深入研究作些理论上的探索。

第一节 “精神”词源及其哲学意蕴

长期以来,人们往往将“文化”和“精神”混为一谈。其实,二者既密不可分,又内涵各异。广义的“文化”是指“人类在社会历史发展过程中所创造的物质财富和精神财富的总和”。狭义的“文化”是指“运用文字以及一般知识的能力,如文化水平等”。文化是表现形式,精神是思维活动。前者有形,后者无形。文化通过文字、语言、音乐、舞蹈、建筑、民俗艺术等表现形式传播易接受,精神作为社会群体中的精英文化,代表此类人群在一定时期区域内对人类社会和客观世界的最高认识成就。文化是精神的载体及初级阶段,精神则是文化的凝练及高级阶段。

一、“精神”词源释读

在古代汉语中,“文”与“化”最早是单独使用的。最早见于《周易·贲卦·彖传》:“文明以止,人文也。

观乎天文，以察时变；观乎人文，以化成天下。”西汉刘向《说苑·指武》中有“凡武之兴，为不服也；文化不改，然后加诛”。晋代有诗曰：“文化内辑，武功外悠。”可见，在古代，“文化”，包含着文治与教化、礼俗与典章等丰富的含义。

从词源上考察，“精神”也是由“精”和“神”构成的合成词。《说文解字》中指出，“精，择米也。从米，青声”。意思就是挑选，引申义为挑选而成的“精华”。《庄子·外篇》中说：“吾欲取天地之精，以佐五谷，以养民人。”“神”有三层含义：一是指原始宗教崇拜中的神灵，《论语·述而》中的“子不语怪、力、乱、神”。二是指人的理智、情感和意志。三是“神化”的意思，即万物精妙细微之变化。《现代汉语词典》对“精神”解释为：“一是人的意识、思维活动和一般心理状态；二是宗旨、主要的意义；三是表现出来的活力；四是活跃，有生气。”[1]《辞海》认为，精神指人的内心世界现象，包括思维、意念、情感等有意识的方面，也包括其他心理

① 中国社会科学院语言研究所词典编辑室编：《现代汉语词典》修订本，北京：商务印书馆，1996年，第667页。

活动和无意识的方面。[1]

二、"精神"内涵的哲学意蕴

从哲学的角度看,"精神"有以下几个层面含义:第一,本体论层面的"精神",指的是与物质相对应的哲学范畴,常与"意识"视为同义。第二,认识论层面的"精神",是指人们在实践过程中认识和把握客观世界的思维、意念、意志、欲望、情感等。第三,生存论层面的"精神",是指人们在实践活动中表现出来的神志状态、心神面貌和风采神韵。第四,价值论层面的"精神",是指能够反映、体现和表征价值主体的价值观念特征、价值思想内涵的价值意识。比如"红船精神""井冈山精神""延安精神"等。可见,精神在文化的土壤内成长,贯穿于文化始终,反之,精神又对文化发展影响很大,表现在选择性和领导性。

总之,精神是反映外部特征的,文化却是内在的修为。评价一个人的精神状态,是指他的处世态度是激昂或颓废,是否有坦然的心态面对生死荣辱,而文

① 参见:《辞海》,上海:上海辞书出版社,1999 年,第 5178 页。

化却是一种意识，主要是在生活环境里感染而成的。

第二节　胆剑精神内涵的理论阐释

理论是时代的先声。一个民族要走在时代前列，就一刻不能没有理论思维，一刻不能没有思想指引。从理论上阐释胆剑精神内涵也是如此。为了更好地挖掘胆剑精神的基本内涵，阐释其创造性转化、创新性发展的内在规律，本章将引入“原生性”“新生性”两个文化人类学概念。

一、“原生性”“新生性”的基本理论及其借鉴意义

“原生性”一词是美国著名的文化人类学家克利福德·格尔茨在《文化的解释》一书中提出来的。他认为，“原生依附的意思是指来自所‘给定的’——社会存在：主要是密切的紧邻和亲属关系……这些血缘、语言、习俗及诸如此类的一致性，被视为对于他们之中及他们自身的内聚性有一种说不出来的，有时是压倒性的力

量。"[①] 其理论要点是:"'原生性'是遵从历史的逻辑和现实的关联,强调内外、上下、左右的联系和动态性;从文化的整体性出发综合考量文化在变迁中问题;追求当下现实现象的客观表述和分析。承认创造性,对文化建构、重塑、再生产有乐观的理解和阐释。强调地方性文化的多样化。"[②] 由此看来,胆剑精神的原生性"概念主要是指其原初的、基本的、本质性内涵表述和概括。

"新生性"一词是美国著名的民俗学代表人物理查德·鲍曼在《作为表演的口头艺术》一书中提出来的。他认为,"新生性主要指的是在一个传统的框架内适应新的历史和自然语境而创造、生发的新因素"[③],新生特质是新生性文化产生中一个关键的因素。其理论要点是:"'新生性'是指在文化传统中重构、发明、对传统知

① [美]克利福德·格尔茨:《文化的解释》,韩莉译,上海:译林出版社,2008年,第268页。

② 冯莉:《民间文化遗产传承的原生性与新生性:以纳西汝卡人的信仰生活为例》,博士学位论文,天津大学,2012年。

③ [美]理查德·鲍曼:《作为表演的口头艺术》,杨利慧、安德明译,桂林:广西师范大学出版社,2008年,第41页。

识的'再生产',既有对原生性的承继,也有发展和变异,甚至是创造和发明,大体相当于创造性或变异性,但它又特别强调新创造或变异的因素与传统之间的关联。"在这里,"新生性"概念是指在原有的文化形态的基础上,对原生性文化的"扬弃"即继承和发扬其中的积极因素,摒弃或剔除其中的消极因素。这是链接新旧文化形态的桥梁和纽带。当今时代,在"马克思主义基本原理同中国具体实际相结合、同中华优秀传统文化相结合"的大背景下,在坚持胆剑精神既定内涵的前提下,立足于新时期文化的历史使命和发展要求,对胆剑精神时代内涵的建构,尤其强调其"再生产性"。

克利福德·格尔茨的"原生性"和理查德·鲍曼的"新生性"阐释了文化变迁、文化发展、文化自觉中的种种现象,为研究文化精神提供了更加宏阔的视野,也是对文化本身传承和进步的一种推动。笔者借鉴"原生性"和"新生性"两个范畴,并在它们相互作用、互动互融的基础上,探讨胆剑精神的本质性内涵,以及在当今时代胆剑精神科学内涵的建构,揭示文化发展的真实现象。围绕这两个关键词,考察胆剑精神内涵中相对稳定的、恒久的、本质的因素和新创造的、动态的、发展的因素,在"常"与"变"、"源"与"流"中解读胆剑精神的丰富内涵。“常”与“源”是胆剑精神内涵永远持续的本质性，即“原生性”；“变”与“流”是胆剑精神内涵不断更新的动态性，即“新生性”。

自古以来，绍兴以其历史悠久、风光秀丽、名人辈出、物阜民丰而著称于世。厚重的历史文化赋予了她丰盈的精神财富，成为维系和支撑绍兴生存发展不可或缺的内在力量。这些优秀传统文化资源既是2500多年来绍兴文明发展史久远的回响，也是今后“加快建设高水平网络大城市，全力打造新时代共同富裕地”的精神支撑。

要充分挖掘和自觉利用古越文化资源，注重返本开新，在认真学习、吸纳其优秀传统文化精华的基础上，再创其时代精华，提炼其精神标识和文化精髓，切实增强文化自信。为此，胆剑精神作为绍兴的“根”与“魂”，把绍兴人精明务实的性格与大气开放的气度结合起来。在推动优秀传统文化创造性转化、创新性发展过程中，理应坚持不懈地以“原生性”的胆剑精神“在场”。同时，也要审时度势，及时顺应时代的发展步伐，与时俱进，从胆剑精神中创造和挖掘出时代内涵，以“新生性”的时代精神的精华“出场”。在“原生性”内涵和“新生性”一脉相承的时代内涵的“在场”和“出场”的互相融合中，共同植根于绍兴“勇闯中国式现代化市域实践新路子”的生动实践。

二、胆剑精神原生性内涵的历史透视

精神源于现实生活的实践，源于对“时代迫切问题”的理论自觉。正如马克思所说：“意识在任何时候都只能是被意识到了的存在，而人们的存在就是他们的现实生活过程。”[①] 这意味着作为越地文化内核的胆剑精神的产生也是如此。2500多年前，在古越这块大地上，越王勾践为了兴越灭吴，“十年生聚，十年教训”，率领他的子民卧薪尝胆，发愤图强，终成霸业。自此，融越地文化“刚性”“柔性”“灵性”等元素为一体的胆剑精神，在绍兴世代传承，生生不息，流淌在绍兴人的血脉中，演绎着一幕幕可歌可泣的绍兴故事。

文化是在历史的进程中形成的，“作为生成的存在，文化同样根源于人类对象性的实践活动”[②]。胆剑

---

① 中共中央马克思、恩格斯、列宁、斯大林著作编译局编译：《马克思恩格斯文集》第一卷，北京：人民出版社，2009年，第525页。

② 隽鸿飞：《文化哲学的生成论解读》，《学术交流》，2010年第9期。

精神作为古越文化的一种具体形态，肇始于春秋末期吴越争霸时越王勾践“卧薪尝胆”的史事。公元前494年，遭遇了夫椒之战惨败的越王勾践，不得不乞降求和，在吴国为奴三年。被释放回国后，勾践立志雪耻复仇，“悬胆于户，出入尝之，不绝于口”[①]，励精图治，砥砺前行，经过“十年生聚，十年教训”，最终“越甲吞吴”，逐鹿中原，成为“春秋五霸”之一。

“胆剑精神”是习近平总书记在主政浙江期间亲自擘画和指导下，绍兴市委广泛发动全市人民积极参与，并指示市委相关部门组织一批文史专家，认真研讨，反复斟酌，多次修改的基础上形成的。可以说，“胆剑精神”是习近平总书记在国内外宏观发展环境日益趋紧的形势下，要求绍兴“努力谱写新时期的‘胆剑篇’”的政治嘱托演绎而来的。2004年3月，在浙江省十届八次人代会期间，时任浙江省委书记的习近平同志在参加绍兴代表团审议时说，绍兴有很多典故值得我们借鉴和学习。今天，我们弘扬越王勾践卧薪尝胆、“十年生聚，十年教训”的精神，就是要围绕全面建设

① [东汉]赵晔：《吴越春秋·勾践归国外传》，北京：中华书局，2019年，第209页。

小康社会、提前基本实现现代化的目标，卧薪尝胆，艰苦奋斗，努力谱写新时期的“胆剑篇”。习近平总书记的谆谆教导和嘱托让我们开阔了视野、拓展了思路、增长了见识，深受教育和启迪。

站在历史的维度上，从文化社会学的视角看，谱写新时期的“胆剑”篇，蕴含着丰富而深邃的胆剑精神的原生性内涵，即“卧薪尝胆、奋发图强”的精神密码。

1. 卧薪尝胆是绍兴人昂扬奋进的文化基因

“胆”本意是指发生在春秋末年吴越争霸时期，越王勾践“卧薪尝胆”的历史典故。据《史记》《吴越春秋》等文献记载，公元前494年，越国在夫椒（今太湖椒山）为吴国所败，几经亡国，越王勾践被迫屈辱求和，入吴为质为奴。在吴国饱受凌辱苦楚三年后，方始获释。返越后，勾践以柴草为卧具，每当困倦懈怠之时总要尝尝苦胆，以体验“苦味”，激励意志。“越王勾践反国，乃苦身焦思，置胆于坐，坐卧即仰胆，饮食亦尝胆也。”

越王台

越王殿

在越国大夫范蠡、文种等辅佐下，经过 20 年的“生聚教训”，越国终于转衰为盛。公元前 473 年，越王勾践打败了吴国，逼迫吴王夫差自杀，实现了报仇雪耻、北上称霸的夙愿，谱写了一曲颇具传奇色彩的“胆剑篇”，形成了具有浓郁地方特色的胆剑精神。

越王勾践不甘沉沦、坚韧不拔的励志故事，后来演变成成语“卧薪尝胆”，形容人刻苦自励，发愤图强。其背后，蕴含着励精图治的胆识、韬光养晦的毅力、以屈求伸的勇气，反映出绍兴人聪慧善谋的“柔性”。

“剑”，本义是指精美绝伦的越王剑，引申为勇往直前的豪气、披荆斩棘的本领、前仆后继的魄力，彰显出绍兴人强悍耿爽的“刚性”。据史载，古越人历来有“善用剑，皆好勇，轻死易发”的刚强遗风，尤其是越国把尚武精神和拓展意识推崇到了顶峰。在当时，作为绝代珍品的越王青铜剑，既是冶金工艺的代表，更是越国开疆拓土的实力之象征。南宋状元王十朋将绍兴人文精神概括为“慷慨以复仇，隐忍以成事”。这是对胆剑精神所蕴含的绍兴人双重性格特征的最好注脚。一方面，刚毅硬气、百折不挠，有着“三千越甲可吞吴”的英雄气概，另一方面，韬光养晦，以屈求伸，等待时机以图东山再起。可见，胆剑精神是绍兴人刚柔相济人格禀性的生动写照。

归根到底,"卧薪尝胆"是一种忍辱负重的品质、刻苦自励的意志、昂扬奋进的胆魄。面对国破家亡的境地,越王勾践既不自暴、不气馁,也不冒进、不冲动,而是沉着应对,"从我做起,从现在做起","苦其心志,劳其筋骨",躬亲耕作,吃穿俭朴,戒色戒奢,并时常"悬胆于座,仰而尝之",以消除享乐安逸之念,坚定兴越灭吴之志。

2. 奋发图强是绍兴人勇毅前行的内在品质

《楚辞·九章·怀沙》中有言:"惩连改忿兮,抑心而自强。"奋发图强是指振奋精神的决心、自强不息的韧劲、拼搏争先的气度。常怀奋发有为之志,永葆拼搏图强精神,自古以来就是中华民族的优良传统。

回眸历史,一部绍兴发展史,实质上就是绍兴人民"奋发图强"的演进史。在国家和民族存亡的危难关头,图强奋进的绍兴人总是以"挽狂澜于既倒"为己任,正气凛然,临危不惧,泽被苍生。从春秋时期越王勾践兴越灭吴、魏晋时期衣冠南渡、南宋时期"绍祚中兴",再到近代的辛亥革命,在古越大地上演了一幕幕气势磅礴、可歌可泣的历史大剧。2000 多年前,越王勾践胸怀大志,艰苦奋斗,追求卓越,图的是兴越灭吴，逐鹿中原。采取的方略是“十年生聚，十年教训”。生聚，就是繁殖人口，积聚物力；教训，就是教育人民，训练军队。其着力点就是发展经济，加强国防，增强综合国力。在近代，绍兴是辛亥革命的重要策源地之一。徐锡麟、秋瑾、陶成章、蔡元培等仁人志士思变图强，以大无畏的气魄积极投身到这场反帝反封建的惊涛骇浪中去。他们用自己的辛劳和血汗推动了波澜壮阔的辛亥革命，为追求民族独立和解放而不懈奋斗，谱写了绍兴近代辉煌的历史。

毫无疑问，在绍兴人民奋力抒写“奋发图强”演进史中，“治水”是其最为辉煌的篇章。可以说，绍兴文明史也是一部艰苦奋斗、为民造福的水患治理史。在古代，越地早期的地貌环境与自然资源是较为恶劣的，洪涝灾害一直是越地百姓挥之不去的阴影。为了生存、繁衍和发展，历代有作为的牧守乡贤皆以浚河

汤浦水库

迪荡湖

理水作为治越首策，他们敢于改变“南有山洪之患，北

有潮汐之害”的自然环境。东汉太守马臻主持修筑鉴湖，使山会平原从原来的穷僻之区改变成鱼米之乡。晋朝会稽内史贺循疏凿西兴运河，既有利于灌溉，又有利于航运，并渐成浙东地区航运主干道。唐代会稽县令李俊之主持增建海塘，长百余里。明代绍兴知府汤绍恩修建三江闸，与横亘数百里的萧绍海塘连成一体，使山阴、会稽、萧山三邑蓄泄有度，航运水位可控。戴琥治理西小江。清代绍兴知府俞卿修建越中海塘……20世纪70年代大规模围垦、90年代兴建标准海塘和21世纪初的围涂造田。一代代越地儿女治河流、抗海潮、战山洪、改沼泽、围滩涂，行而不辍，筚路蓝缕，在绍兴这方热土上，诞生了诸多流芳百世的水利工程。这些治水工程的背后，蕴藏着绍兴人百折不挠的坚强意志、自强不息的奋斗精神和砥砺前行的责任担当。所有这些，都是绍兴人民“奋发图强”精神的生动写照。

在当今时代，奋发图强就是勇于拼搏、奔竞不息，就是坚忍不拔、迎难而上，就是奋发进取、走在前列。改革开放以来，绍兴经济社会发展的历史性成就，凝结着不同时期绍兴人“功成不必在我，建功必须有我”的信念和担当。

由此可见，“卧薪尝胆、奋发图强”是胆剑精神原生性内涵的基本内容。它蕴含着人们在逆境中“不气馁、不放弃,求生存、谋发展”的精气神,体现了镌刻在绍兴人骨子里永不言败的强者风范、刚柔相济的坚韧品格、逆境图强的坚定意志和艰苦卓绝的奋斗精神。

三、胆剑精神新生性内涵的现实解读

一个国家和民族的精神文化建设任务,不仅形成于这个国家的历史性实践的基础之上,而且通过当下的历史性实践被揭示出来。而“精神的本质不在于精神自身的内部活动过程,而在于它植根于人们的现实生活过程之中”[①]。这意味着精神只有回到现实中,才能成为协调物质世界的力量。

从文化社会学分析,胆剑精神具有鲜明的历史渊源、实践基础和时代意义。她贯通历史与现实,融汇实践与理论,贯穿政治、经济、文化等方面内容。全面准确地阐述胆剑精神的基本内涵,不仅要挖掘“卧薪尝胆、奋发图强”的原生性内涵(历史文化底蕴),还要揭示“敢作敢为、创新创业”的新生性内涵(现代人文

① 刘建卓:《建设安身立命之本的精神家园》,《中共山西省委党校学报》,2015 年第 1 期。

价值）。要在继承和弘扬“卧薪尝胆、奋发图强”为核心的原生性内涵的基础上，汲取反映时代发展需要的新涵养，让胆剑精神内涵充实鲜活的文化元素，实现胆剑精神与社会主义核心价值观的完美契合。

从绍兴的历史文脉传承、改革发展实践、未来发展导向等多重因素考量，胆剑精神的新生性内涵就是“敢作敢为、创新创业”。

1. 敢作敢为是绍兴人真抓实干的自觉担当

在中共中央政治局会议分析研究2023年经济工作时，习近平总书记强调：“要坚持真抓实干，激发全社会干事创业活力，让干部敢为、地方敢闯、企业敢干、群众敢首创。”

从干事创业的主体看，敢作敢为，就是“敢为、敢闯、敢干、敢首创”。“四敢”就是要把蕴藏在干部、地方、企业、群众身上的闯劲、干劲充分激发出来，提振全社会干事创业的精气神。“党员干部的担当作为，地方基层的创新探索，市场主体的积极进取，人民群众的无穷智慧，正是推动中国发展的活力之源。”[①] 新中国

① 石羚：《敢为、敢闯、敢干、敢首创》，《人民日报》，2023年2月2日。

诞生以来的历史经验已经或正在证明，这也是我们党带领中华民族从“站起来”到“富起来”再到“强起来”的伟大飞跃的重要成功因素之一。

抚今追昔，鉴往知来。新中国成立以来，绍兴经济社会经历了缓慢恢复、曲折前进、“文化大革命”等发展阶段。党的十一届三中全会，开启了绍兴经济社会发展的历史新纪元。绍兴成为浙江省乃至全国改革开放“敢为、敢闯、敢干、敢首创”的先行区。绍兴以“敢为人先”的勇气和智慧，充分发掘绍兴深厚的历史文化底蕴和体制创新的先发优势，独辟蹊径，走出了一条既反映绍兴地方特色又符合市场经济递演规律的发展模式即“绍兴模式”。其核心要义是：在独特的人文精神诱致下，由“适度”无为政府推动，通过上下结合、供需互动的制度变革带来先发优势，并以乡镇单元为基础、民营经济为支柱、市场价值为导向，城市与农村协调，强市与富民同步，区域之间、经济与社会之间以及人与自然之间形成相对比较和谐的区域发展模式。这种模式之所以能展现出很强盛的生命力，就是因为它凸显了“以人为本”和“全面、协调、可持续”的科学发展观，彰显出“创新、协调、绿色、开放、共享”新发展理念的本质要求。

——在区域发展路径上，绍兴近不效仿以民营经济为主体的“温州模式”，远不照搬以集体经济为主体的“苏南模式”，而是力求把它们的“闪光点”结合起来，兼取众长，为我所用，坚持多种所有制主体以其各自基础对生产力状况的适应性，并存于各经济领域、协同发展。绍兴人秉承“怎么发展快就怎么干”的理念，执着于营造“不看成分看发展、不看比例看贡献、不看规模看效益”的营商环境，支持企业“撸起袖子加油干”，尊重群众“怎么好就怎么来”的首创精神，结果创造出了独具绍兴特色的混合经济模式，多种所有制经济的双赢互补式的竞争成为绍兴活力的源头之一。

——在产权制度安排上，绍兴竭力倡导一种充分体现“敢为天下先的创新精神”和“坚忍不拔的创业精神”的体制外的制度创新活动，以此推动绍兴经济逐步实现了从传统的计划经济向市场经济的体制转轨，并最终建立起了以非国有、非公有制经济为主体的明晰的、排他性的产权制度，从而在全国率先基本建立起了市场经济有效运行所要求的产权明晰的微观制度基础。在实施产权制度改革过程中，作为地方政府，坚持“有所为、有所不为”。20世纪80年代，绍兴各级地方政府对个私经济基本上采取“不争论、允许试、沉着看”的态度，不随便“戴帽子、打棍子”。在放开价格、创办市场、促进流通等方面为他们提供必要的引导、扶持和服务。20世纪90年代，正当许多地方大搞姓“社”姓“资”争论时，绍兴却顶住压力，大胆采取“政策上支持，政治上鼓励，法律上保护”的做法，尽可能解除有关个私企业的土地、出口、工商执照等政策限制，或者允许其戴“红帽子”（挂靠集体企业），给予个私企业以合法地位。同时，主动致力于基础设施建设、审批制度改革等。可见，绍兴地方政府在“有为”与“不为”之间，始终扮演着市场“守夜人”的角色。

——在改革策略导向上，既不自甘落后，也不盲目冒进，而是审时度势，随机应变、适时“跟进”。比如，1984年国家提倡发展乡镇企业以后，绍兴实行“集体为主，多轮并进”政策，既适应了当时的国家产业政策导向，顾全了各阶层大多数人的情绪，减少了改革阻力，也鼓励了个体私营经济发展，为新生事物留下了成长空间，使多种所有制在农村中稳健有序地发展。对于乡镇产权制度改革，坚持不搞“一刀切”，在客观上既不至于错失良机，也规避了“枪打出头鸟”的风险和“首发效应”的高成本。扶持和发展个私经济，绍兴并没有像温州和台州那样受人瞩目而招致争议，而是采取了诸如“三个放手”“四个不限”的实际保护政策，取得了政策效应和经济效益的“双赢”。当全国许多地方还在强调“计划经济为主，市场调节为辅”，或者还在讨论非公有制经济是“补充”还是“有益的补充”，该如何限制其私有“成分”的时候，绍兴已经不动声色地建立起了非公有制经济为主体的经济结构。

——在统筹城乡发展上，绍兴注重城乡社会结构的协调互动。20 世纪 80 年代初期，随着农村工业化的艰难起步，生产要素从较为分散的区域逐渐向一些具有相对区位优势的空间聚集，从而形成了若干个以专业市场为中心的新型城镇。进入 21 世纪后，绍兴扎实推进“村镇布局、城乡交通、城乡信息、城乡燃气、现代流通、健康保障、社会保障、文化教育、城乡金融、城乡平安”等十大城乡统筹网建设，使城市公共服务产品不断向农村伸展，使城乡之间在经济发展、生态环境和基础设施诸方面互动互补、协调推进。

——在共享发展成果上，坚持以改善民生福祉为旨归。21 世纪伊始，绍兴市委提出“推进率先发展，实现富民强市”的战略目标，既重“民力”，又重“民利”。在不断提升城市综合实力的同时，支持和鼓励群众创新创业，着力解决人民群众的切身利益问题。⑴坚持从制度上保障群众基本生活，着力构筑“四位一体”的社会保障体系，把安置就业与鼓励创业结合起来。⑵坚持以科学发展观引领生态市建设，扎实开展环境整治，认真实施“五整治一提高”工程和“千里清水河道”工程，为老百姓营造优美环境。2005年，在全国500多个城市环境综合整治定量考核中，绍兴名列全省第1位；成功获得中国人居环境奖。⑶坚持把“为民办实事”纳入规范化、制度化轨道，着力开展“七助”行动、缓解“七难”问题，解决群众就业、住房、看病、就学、出行等实际问题，让广大人民群众共享更多的改革发展成果。

总之，作为中国改革开放的先发地区，绍兴在胆剑精神的感召下，实现了从江南古城、资源小市到东南沿海综合实力较强、文明程度较高的现代化开放城市的历史性跨越。创办中国轻纺城、发展民营经济、建成小舜江供水工程、建成嘉绍大桥、建设绍兴大城市……一件件风光盛事，一个个发展奇迹，一曲曲恢宏篇章，精彩纷呈。这是绍兴人“敢为、敢闯、敢干、敢首创”的生动呈现，也是广大干部群众干事创业的精气神焕发出的时代光彩。一代代“敢作敢为”的绍兴人，走出了令人瞩目的奋斗之路。他们留给后人的崇高风范，构成了胆剑精神不可或缺的重要内容。

2. 创新创业是绍兴人奋楫笃行的价值追求

改革开放之初，在发展乡镇企业过程中，吃苦耐劳的绍兴人民走南闯北，发扬走遍千山万水、说尽千言万语、想尽千方百计、历尽千辛万苦的“四千精神”和白天当老板，晚上睡地板的“两板精神”，在各种资源短缺、身处困境的情况下，敢于突破“三缸”（酱缸、酒缸、染缸）、“锡半城”的固有经济格局，突破诸多发展的困难与瓶颈，艰苦创业，从计划经济的夹缝中创办起了一个个新企业，创造出了一个个新市场，成为全国闻名的乡镇企业大市和市场大市。

20 世纪 90 年代，绍兴敏锐地把握邓小平同志南方谈话精神，坚持以“三个有利于”和“三个代表”重要思想为指导，充分尊重群众的首创精神，“放胆、放权、放手”，让群众在市场经济中充分发掘创造财富的活力和源泉。创造了一个又一个“率先”：率先在全国进行国有、城镇集体企业改制，创造了绍兴经济的生机和活力；率先在全省探索了“四自工程”建设，开了城市基础设施投融资体制改革之先河；率先提出“四统一、一集中”的城市土地经营管理模式，较早建立了城市土地收购、储备和公开出让的运作机制；在全省率先提出并实施“科教兴市”战略，并积极探索产学研联动机制，推动了产业升级和技术进步，成为全国科技创新示范市。与此同时，创造出“枫桥经验”“民情日记”“党建契约化”等，为社会治理体系与治理能力的现代化提供了有益的探索与借鉴。在实践中凝结而成的“创新创业”精神，为绍兴传统文化精神注入了新的内涵，体现出了时代价值。

马克思指出，在现代文明形成过程中，“不但客观条件改变着……而且生产者也改变着，炼出新的品质，通过生产而发展和改造着自身，造成新的力量和新的观念，造成新的交往方式、新的需要和新的语言”[①]。进入21世纪以来，特别是党的十八大以来，绍兴把崇尚创新创业作为新时期胆剑精神的主旋律，千方百计激发人民群众的创业冲动，以不断创新的姿态投入全面建设小康社会和现代化事业的伟大实践之中。在全社会营造“想创业、敢创业、会创业、创大业”的氛围，让一切有利于创业的思想活跃起来，让一切

① 中共中央马克思、恩格斯、列宁、斯大林著作编译局编译：《马克思恩格斯全集》第四十六卷（上），北京：人民出版社，1979年，第494页。

有创业能力的人才解放出来，让一切有利于富民强市的源泉充分涌流出来。在自省中坚定有为，在清醒中苦练内功；孜孜以求，不事张扬，竭尽全力谋发展，殚精竭虑创新业。

在推进中国式社会主义现代化过程中，绍兴正在以胆剑精神赋能“五个率先”，以发展积聚能量，以创新增添动力，以智谋拓展空间，为“建设高水平网络大城市，打造新时代共同富裕地”，勇闯中国式现代化市域实践新路子增添新动能。

第三节　胆剑精神原生性和新生性内涵的共融发展

历史的长河奔流不息，精神的光辉绵延不绝。作为浙江精神乃至中华民族精神重要组成部分的胆剑精神，是一种与时俱进的精神力量。因此，胆剑精神并非是纯粹的、地方性的精神文化，而是在推动胆剑精神原生性内涵的“在场”和胆剑精神新生性内涵的“出场”的互相融合中，构建“各美其美、美美与共”的和谐格局。

一、胆剑精神的原生性内涵与新生性内涵的整体性

如前所述，胆剑精神的表述语“卧薪尝胆”“奋发图强”“敢作敢为”“创新创业”这四个方面，都有其特定的内涵要义。而“卧薪尝胆、发愤图强”与“敢作敢为、创新创业”二者交相辉映、互为依存、相辅相成，是一个不可分割的有机整体。这个整体，蕴含着越文化特质的精神谱系。

胆剑精神作为一种精神文化形态，其新生性内涵是在原生性内涵基础上孕育和建构起来的。二者的整体性表明，一方面，以“卧薪尝胆、奋发图强”为核心的胆剑精神原生性内涵，是当前解决中国社会现实问题的重要精神资源，胆剑精神原生性内涵的“在场”，不可或缺。另一方面，中国式现代化建设的崭新实践需要胆剑精神构建新生性内涵，以自我创新和超越的形态“出场”，展现其“敢作敢为、创新创业”的创新性特质。胆剑精神的这种文化自觉，既要解读和继承胆剑精神的本真，又要对胆剑精神作出契合时代的新阐释，即赋予胆剑精神“敢为善为”新内涵，并为其注入“图强争先”新动能，让胆剑精神在绍兴勇闯中国式现代化市域实践新路子中，绽放出新的时代光彩。

二、新时代新征程赋予胆剑精神"敢为善为"新内涵

胆剑精神具有紧跟时代节拍、与时俱进的品质。她作为中华民族宝贵的精神财富,在21世纪初生成的以"卧薪尝胆、奋发图强"为核心的原生性内涵,不仅是对绍兴人精神风貌的反映,在一定程度上也是对浙江乃至中国人正确价值观念的观照。20年,弹指一挥间。当今时代,奋进中国式现代化的新征程已经全面开启。就绍兴而言,要在坚持胆剑精神原生性内涵的基础上,与时俱进地推动胆剑精神内涵的丰富和创新,构建与其共融共生的新生性内涵。

无论是原生性内涵"卧薪尝胆、奋发图强",还是新生性内涵"敢作敢为、创新创业",最为核心的关键词是"尝胆""图强""敢为"和"创新"。"图强"是"尝胆""敢为"和"创新"等方面的终极目标,作为最重要的手段就是"敢为"。在这里,一个"敢"字,道出了卧薪尝胆的勇气、奋发图强的追求、敢作敢为的智慧、创新创业的担当。在当下,奋力书写中国式现代化绍兴的新图景,只有在"敢为"中才能赢得。而"敢为",最重要的是"想为""能为"和"善为"。

“敢为”的前提是“想为”。无论从事什么工作，身处哪个岗位，爱岗敬业、履职尽责是最基本要求。思想是行动的先导。思想上先进，行动上才能先行。思想上松一寸，行动上就会偏一尺。如果整天无所事事，或者做事推诿扯皮、敷衍塞责，不作为、慢作为，就很难进步成长、很难独当一面。因此，要珍惜当下，把握机遇，以等不起的责任感、慢不得的紧迫感、坐不住的危机感，积极主动想为愿为。

“敢为”的根基是“能为”。当前，世界百年未有之大变局加速演进，无论是知识结构更新之迅速还是工作面临情况之多变都前所未有。如果缺乏过硬本领的支撑，就容易在棘手问题前“就地躺平”，在急难险重前“打退堂鼓”，或者工作无法推进，或者成了盲目蛮干。为此，每一位从业人员都要提高能力素养，少一些浅尝辄止、多一些深思践悟，在不断的学习、思考、感悟、转化中，知其然更知其所以然，将所学吸收成为自己的养分，不断提高干事创业的能力。

“敢为”的关键是“善为”。当前，改革进入攻坚期和深水区，一些深层次问题和藩篱日益显现。过去的方法不能通解将来的难题。首先，要弯下身子，深入调研。进山问樵、入水问渔，问需于民、问计于民；善用“下马看花”“解剖麻雀”式调研，把群众面临的问题揭示出来，把群众的意见反映上来，把群众的首创经验提炼出来，从中找到解决难题的命门。要打破思维定势，把握时代脉搏。着力培塑思维方法，捕捉思想的瞬时火花。对新想法、新思路认真论证、付诸实践。紧跟形势变化，勇于探索，敢于创新，善于作为。

可见，新时代新征程赋予胆剑精神“敢为善为”新内涵。一个人也好，一个团队也罢，唯有做到“想为”“敢为”“善为”，才能真正履职尽责，大有作为。“想为”才能身先士卒，“能为”才能铁肩担当，“善为”才能出奇制胜，从而充分释放出“敢为”的活力。为此，要在秉持胆剑精神中，以“想为能为”的冲劲、“敢为善为”的闯劲，奋楫笃行，踔厉奋发，为勇闯中国式现代化市域实践新路子贡献智慧和力量。

三、新起点新使命为胆剑精神注入“图强争先”新动能

站在“八八战略”实施20周年新起点，绍兴因势而谋，顺势而为，乘势而上。2023年7月26日，中共绍兴市委九届四次全会对全面学习贯彻习近平总书记重要指示精神，认真落实省委十五届三次全会精

神，持续推动“八八战略”走深走实作出重要部署，明确“五创图强、四进争先”的战术安排，为胆剑精神注入“图强争先”新动能。

“五创图强”，就是聚焦国家所需、绍兴所能、群众所盼、未来所向，对标先进，争创一流，形成五大标志性成果：一是坚持“腾笼换鸟”，争创先进制造样板区；二是彰显“三生三宜”，争创江南水乡新典范；三是注重“以人为本”，争创共同富裕示范城；四是践行“枫桥经验”，争创市域治理标杆地；五是深化“改革创新”，争创体制机制最优市。这五个方面的内容符合“五位一体”总体布局，体现了“八八战略”蕴含的系统论、优势论、重点论，是中央、省委各项决策部署的创造性贯彻落实、创新性转化发展。

“四进争先”，就是坚决扛起“示范引领”的绍兴担当，牢固树立“不在上游就是下游，不争第一就是落后”的理念，锚定四个全国“10强”：一是在发展进位上，实现综合经济实力加快迈向全国同类城市“10强”；二是在产业进阶上，实现先进制造业发展水平跻身全国同类城市“10强”；三是在城市进级上，实现现代化水平位居全国地级市“10强”；四是在民生进步上，实现全体居民人均可支配收入进入全国“10强”。

“四进争先”从综合实力、产业基础、城市能级、民生幸福四个维度把准了绍兴现阶段的发展方位，树立了未来新坐标，彰显敢为人先、永立潮头的奋斗精神。

“五创图强”与“四进争先”是有机统一的。“五创图强”是载体，“四进争先”是目标，二者共同引领绍兴向更高目标攀登。这是绍兴持续推动“八八战略”走深走实的目标举措，也是贯彻落实浙江省委赋予绍兴“图更强、争一流、敢首创”重大使命的重要抓手。作为市委提出新时期“敢为善为，图强争先”总要求的最佳注脚，“五创图强，四进争先”不仅是对胆剑精神原生性内涵“卧薪尝胆、奋发图强”的充实和完善，也是对其新生性内涵“敢作敢为、创新创业”的发展和提升，必将为绍兴“勇闯中国式现代化市域实践新路子”提供丰厚的精神滋养和强劲的精神动能。

综上所述，在迈进新时代、开启新征程的语境下，胆剑精神的内涵呈现三个层次，即“卧薪尝胆、奋发图强”的原生性内涵，“敢作敢为、创新创业”的新生性内涵，“敢为善为，图强争先”的核心性内涵。原生性内涵是对绍兴历史文化的全面概括，新生性内涵基于绍兴发展现实的培育弘扬，核心性内涵则强调了绍兴城市精神面向未来的发力之处。

第三章　胆剑精神形成的时代背景

尽管精神的传承可以跨越时空，但它的产生都是与特定的时代背景、历史条件和现实要求相联系的。胆剑精神的孕育和形成，有其历史必然性以及深刻的时代背景、生成逻辑和现实基础。20多年来，胆剑精神铸就了绍兴人民加快推进改革开放与发展的“能量场”，也成为激励绍兴人民坚忍不拔、奋发图强、踔厉前行的精神财富。为此，深刻领会胆剑精神的科学内涵、历史地位和时代价值，首先应全面把握其所形成的时代背景。而追溯胆剑精神产生的源头活水，重温其孕育形成过程，就必须厘清绍兴传统产业转型升级的发展史。因为，只有掂量出21世纪初期绍兴传统产业发展的迷茫与沉重，才能掂量出胆剑精神的政治底色、历史分量与时代价值。

第一节　21世纪初绍兴发展的历史方位

古人云:“辨方位而正则。”科学判定某个城市发展的“历史方位”和“时代坐标”,是推进这个城市发展的逻辑前提。历史方位是指时间进程和空间分布结合而构成的特定方向和位置,它是时空交汇的坐标系。历史方位是发展大势,是时代潮流。一座城市只有清晰地研判自己发展所处的历史方位,才能在时代的激流中驶入正确的航向。

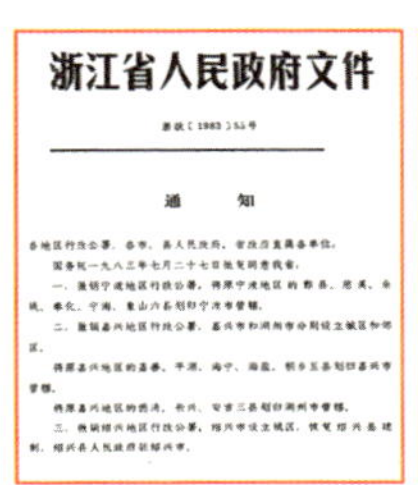

浙江省人民政府文件

通　知

各地区行政公署，各市、县人民政府，省政府直属各单位：

国务院一九八三年七月二十七日批复同意我省：

一、撤销宁波地区行政公署，将原宁波地区的鄞县、慈溪、余姚、奉化、宁海、象山六县划归宁波市管辖。

二、撤销嘉兴地区行政公署，嘉兴市和湖州市分别设立城区和郊区。

将原嘉兴地区的嘉善、平湖、海宁、海盐、桐乡五县划归嘉兴市管辖。

将原嘉兴地区的德清、长兴、安吉三县划归湖州市管辖。

三、撤销绍兴地区行政公署，绍兴市设立城区，恢复绍兴县建制，绍兴县人民政府驻绍兴市。

将原绍兴地区的上虞、诸暨、嵊县、新昌和绍兴县划归绍兴市管辖。

浙江省人民政府办公厅　一九八三年八月五日印发

1983年绍兴撤地设市相关文件

绍兴,是一片历史悠久、充满活力的热土。党的十一届三中全会以来,绍兴坚持以改革开放统揽全局,坚持“内强素质,外拓市场”,抢抓机遇,创新创业,绍兴的改革开放和经济社会发展取得了非凡卓越的成就。2003年，正值绍兴推进改革开放25周年，也是绍兴撤地设市20周年。在这个历史性的关键阶段，绍兴的经济社会正处在新的发展起点上，并即将迅速驶入前所未有的快车道。

一、发展快，经济实力全省领先

纵观20多年的发展历程，绍兴成为全省乃至全国经济增长最快、市场经济最活跃的地区之一。尤其20世纪80年代中期和90年代前期，是绍兴改革创新、经济腾飞的关键时期。市域范围内基础设施"硬联通"日臻改观，科教文卫"软联通"亮点纷呈。这个时期，绍兴牢牢地把握了发展先机，实现经济社会跨越式发展，积聚了较强的综合经济实力。

——从纵向的时间脉络来看，绍兴经济社会发展的活力和潜力令人瞩目。从1978年到2003年，全市地区生产总值从11.3亿元，跃升到1088.4亿元，增加了95.3倍；年均增长15.7%，增速居全省首位。三次产业结构比重从1978年的45.6:32.8:21.6，演变为1980年的39.8:40.4:19.8（二产首次超过一产）。1991年又演变为22.4:54.9:22.7（三产首次超过一产），2002年再演变为9.1:57.6:33.3。这说明，绍兴已从传统农耕社会为主体的江南小镇，一跃成为以民营经济为主导的现代工业城市，进入了工业化中期阶段。

——从横向的空间格局来看，绍兴经济总量和综合实力处在全省前列。20 世纪 90 年代初，绍兴就

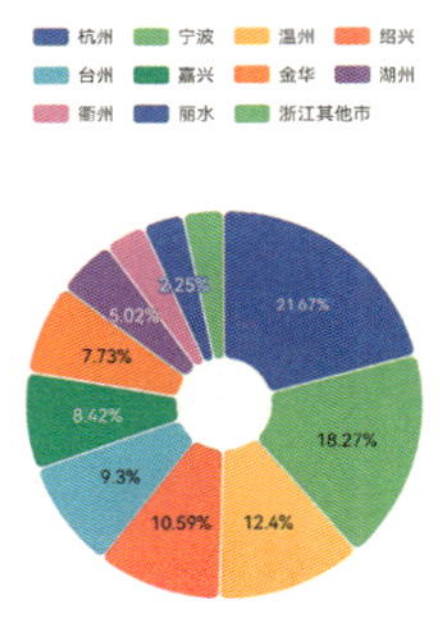

2003 年浙江省各地市经济总量占比示意图

已成为全国国内生产总值超 200 亿元的 40 个城市之一。1999 年，全市地区生产总值达到 705 亿元，一举步入全国大中城市三十强之列；所辖六县（市、区）一半晋级全国“百强县”榜，其中绍兴县（现柯桥区）跻身全国十强。2003 年，全市经济总量跃居全国大中城市第 29 位，列全国同类地级市第 9 位，长三角地区第 7 位，全省第 4 位；人均生产总值 2.14 万元，按现行汇率计算约折合 2590 美元，居全国第 24 位、长江三角洲地区第 8 位、全省第 3 位。城市综合竞

争力居全国大中城市第23位。绍兴经济在全省的影响力持续攀升，自营出口总额、实际利用外资、旅游总收入、社会消费品零售总额等均居全省第3或第4位。全市已有境内外上市企业13家，居全国同类城市前列。

二、变化大，城乡面貌焕然一新

把绍兴中心城市作为推进城市化的重中之重，合理调整市区行政区划，逐步实施了乡镇的撤并，城镇布局逐步优化。按照“点、线、面保护”与古城格局风貌保护相结合的要求，开展修复文物古迹、修缮历史街区、整治河湖水系等系列保护维修工作。及时启动“三大组团，绿色空间”及江滨组团规划，发展空间大大拓展。通过建设袍江工业区等工业特色产业园区、积极引导乡镇企业和块状经济向园区集聚，以产业的集聚和发展，带动农村人口向城市集聚，促进区域经济协调发展，逐步实现“产业园区化、园区城市化”。相继完成杭甬、上三高速、绍大线、绍甘线等一批交通重点工程，在省内率先实现了县县通“高速”、基本形成了“一小时经济区、二小时旅游圈”的路网格局。投资16亿元的小舜江供水工程和投资

11 亿元的市区污水收集处理系统建成运行，市区河道综合整治、城市广场、平水东江、垃圾焚烧工程等一批事关民生的重大项目相继建设完工。通过大力实施旧城改造，大大缓解了能源、交通通信、环境卫生等对经济发展的“瓶颈”制约。新建或改建了新昌大佛寺、柯岩、沈园等一批旅游景区。2003 年年末，全市非农人口比重比 1978 年提高了 14.8 个百分点，城市化水平达 42.6%。“碧水、蓝天、绿色、清静”工程收效显著，全市工业废水排放达标率达到 99.5%；环境空气质量基本达到国家二级标准，城市集中式饮用水源水质达标率 100%；城市生活污水集中处理率达到 65.5%。

三、协调好，社会事业全面进步

重视对科技的投入，加大对人才引进、培养的力度，科技强市建设成效显著。绍兴、上虞、新昌高新技术产业园区相继通过省级验收，“中国轻纺城科技园”等信息产业园区建设开局良好。2003 年年末，全市有省级及以上高新技术企业 127 家，其中国家级高新技术企业 48 家。在全省率先基本实现高“普九”，比规划提前了两年。义务教育学龄人口入学率达99.6%,初中毕业升高中比例达89.84%。全市已有普通高校4所,在校学生14290人。成功取得“第七届中国艺术节”闭幕式承办权;连续8年获得全省全民健身群体考评先进。建立统一的社保机构,实行养老、医疗等社会保险的统一管理,实现企事业单位社会保险并轨;养老保险面从城市扩大到各类企业,提高征缴率和社会发放率,实现了国有企业下岗职工基本生活保障制度向失业保险制度的并轨,建立并实施了覆盖城乡居民的最低生活保障制度。

总之,伴随着综合实力的日益增强、城乡面貌的不断改观和社会事业的协调进步,作为国务院首批历史文化名城,绍兴获得的各种荣誉接踵而至。曾先后成为首批中国经济总量三十强城市、长江三角洲南翼重点开发开放城市、中国优秀旅游城市、首批中国投资硬环境四十优城市、全国科教兴市先进城市、国家环境保护模范城市、国家卫生城市、全国文明城市等。城乡居民收入稳步增加,人民生活提前跨入小康。2003年年末,市区城镇居民人均可支配收入和农村居民人均纯收入,分别居全省第4和第2位。

第二节　绍兴传统产业面临“成长的烦恼”

改革开放以来，绍兴这个在全国属于中等偏小的地级市，创造了“区域小，实力强；资源少，百姓富；发展快，质量好”的发展态势。其间，绍兴形成了独特的民营经济发展模式，即“乡镇基础、民营机制、市场经济”。它既具有苏南民营经济的区域集约性优势，又兼容了温州民营经济高度灵活的市场机制优势，是一种复合型的发展模式。但是，这种模式也不可避免地存在先天不足。

一、绍兴经济迅速崛起缺乏根基支撑

这个时期，“缺煤少油常停电”的绍兴经济之所以能够迅速崛起，主要仰仗于“五种力”：一是资源禀赋的倒逼力；二是市场机制的先导力；三是各级政府的推动力；四是区位优势的承载力；五是“工商皆本”

的感召力。[①] 从其发展阶段来看，绍兴正是凭借先发性市场化的优势，在全国多数地区还被旧体制困扰时，以“大进大出”的方式，创造了经济快速发展的奇迹。

第一阶段(1979—1984)，探索起步阶段。全面废除了人民公社，推行了家庭联产承包责任制，冲破了“三级所有，队为基础”的僵化模式，建立了“统分结合、双层经营”的新型体制。接着，农村经济结构由单一搞粮食生产向农林牧渔工商运建服综合发展转变。同时，乡镇企业在传统的“五匠”（泥、木、竹、石、铁匠）、“二土”（土纺、土织）、“三缸”（酒缸、酱缸、染缸）的基础上起步，依靠横向联系和发扬“四千精神”迅速兴起。1979 年至 1983 年间，全市乡镇工业总产值年均递增 40.57%。随着乡镇工业的崛起，一批以产业为依托的专业市场开始建设，并逐步发展。

第二阶段(1985—1991)，整体展开阶段。改革重点由农村转向城市，企业改革成为整个改革的中心环节。一是简政放权。先后制定了一系列的政企

① 参见陆立军、王祖强：《浙江模式：政治经济学视角的观察与思考》，北京：人民出版社，2007 年，第 142—144 页。

分开、放权让利的政策措施，使企业基本享受了经营自主权、劳动人事权、工资奖励分配权、一定的投融资权、企业的财产处置权和在一定范围内的产品定价权等自主权。开始了股份制和企业集团的改革试点。如绍兴百货大楼于1987年开始，在全省国有商业企业中率先进行股份制改造试点。二是内部改革。全面推行了厂长（经理）负责制和承包经营责任制，部分企业实行了风险抵押承包，推行了企业工资、劳动用工和分配制度的改革，实现了工效挂钩和优化劳动组合，企业的职工养老失业保险制度开始实行。三是内联外引。鼓励和引导一大批企业与国内的大专院校、科研单位和企业进行横向联系和技术合作。1986年至1989年，全市有800多家企业与全国21个省、市、自治区的1000多家大专院校、科研单位和企业开展了物资、资金、技术、人才全方位的横向联合。先后与日本国福光町、芦原町和西宫市等缔结友好城市关系，1984年诞生了第一家三资企业。1988年，绍兴市被列为沿海开放城市，开始从事自营进出口业务。

第三阶段（1992—2003），纵深推进阶段。改革重点是全面的体制创新。在农村，以二轮土地承包为契机，不断完善土地流转机制，大力推进农业产业化经营步伐。实行了粮食购销体制市场化改革，农业结构调整步伐明显加快；专业市场和块状经济迅速发展，乡镇企业的改制全面展开。在城市，积极推进“四改联动”（改革、改组、改造、改善管理）；再按照“一退三进”和“双置换”要求，加快以产权制度改革为重点的国有和城镇集体企业的改革，基本完成了国有企业改革的三年两目标；事业单位改革稳步推进；基础设施建设的投融资市场化运作取得突破，金融、科技、教育、卫生、外经贸等体制改革也全面展开；初步形成了以养老保险等五项保险为核心的社会保障体系。同时，在机构改革和行政审批制度改革、转变政府职能方面也迈出了实质性步伐。

由此可见，主要依托上述“五种力”构建起来的以传统制造业为主体的工业大市，绍兴经济可持续、高质量发展的根基比较薄弱。从总体看，主导经济发展的原动力仍然是“高能耗、高污染、高排放”的粗放发展模式，这必然导致“总量人均水平领先，结构调整升级滞后”的被动格局。由于这种发展模式根基不实、抵抗力差、市场风险巨大，每逢国家出台“收缩型”的宏观调控措施，绍兴经济就会面临一次“伤筋动骨”,甚至生死决择。1979 年,中央提出“调整、改革、整顿、提高”八字方针,以行政手段压缩总需求。受此影响,1981—1983 年,绍兴市地区生产总值分别比上年下降 5.5、2.8 和 2.4 个百分点。1989 年,为抑制严重的通货膨胀现象,中央再次果断采取“治理整顿”的紧缩政策。在这样的宏观背景下,当年绍兴市地区生产总值仅增长 1.1%。

二、绍兴传统发展模式碰到了“天花板”

如前所述,改革开放以来,绍兴主要依靠领先的市场优势,通过“大进大出”的方式从全国各地获得发展所需的各种资源。这在全国其他地区经济发展和市场相对滞后的情况下,是可行的。但是,随着全国其他地区也不断发展起来,相应地,这些地区对资源要素的刚性需求也日益增长,我国整体上资源短缺的事实就显露出来。而且,经济转型升级的逐步深入和市场竞争活力的充分释放,再加上资源、环境、产出对产业发展的新诉求,绍兴以传统产业为主体的经济发展方式碰到了“天花板”,进入了前所未有的“瓶颈期”。

1. 生产要素制约日趋严峻

进入 21 世纪后,对资源和市场“两头在外”的绍兴来说，资源、市场和环境对经济发展的多重约束力，尤显突出。一方面，在经济快速增长的同时，土地等无法从外部引进且不可再生的资源成本迅速上升；人才、资金、技术等可以从外部引进的资源的供给保障压力及资源对外依赖度迅速增大。另一方面，大规模的非集约化的资源耗费又不可避免地对生态环境造成破坏。为此，如果按照现有的消费能力与方式测算，到 2020 年，绍兴的用地、能源及水资源的需求量都将大大超出市内可利用资源存量或现有资源供应能力。

在各种自然禀赋中，土地是最基本和最重要的硬制约因素。自古以来，绍兴耕地资源稀缺，素有“七山二水一分田”之称，山区半山区比重较大，人均耕地面积较低。在“人均资源量指数”中，绍兴人多地少的矛盾尤为突出。根据有关数据，按常住人口计算，2003 年，绍兴市人口约占全省的 9.53%，而人均耕地面积只有 0.6 亩，低于联合国粮农组织规定的人均可耕地 0.7965 亩的警戒线。随着工业化、城市化进程加快及人口刚性增长，绍兴市的耕地面积仍在不可遏制地下降。有专家预测，如果按照 2004 年宏观调控之前几年的用地规模，市内除基本农田以外的耕地，10—15 年内将全部用完。2005 年，全市耕地面积 317 万亩，除农保田 270 万亩外，可利用耕地 47 万亩，而近 10 年全市用地每年突破 9 万亩，如果以此用地规模计算，5 年后，全市便无地可用。[①] 由于可供开发的土地资源减少，土地交易价格迅速攀升。紧缺的土地资源对绍兴经济增长的制约日益增大，单纯或主要依靠大规模要素投入和数量扩张，已难以为继。

2. 产业结构“瓶颈”效应凸显

绍兴因水而兴，也因水造就了纺织印染、黄酒酿造等传统手工业的繁荣。改革开放以来，基于原有产业基础，绍兴形成了纺织印染、生物化工等同类产业集聚的块状经济布局，也因产业上下游分工协作演化出链状经济形态。两者相辅相成、相互交织，为经济发展立下了汗马功劳。

但是，随着时光流转，全市产业结构的调整、优化和升级步履艰难，总体上尚处于低端化状态。特别是以制造业为主的第二产业的“低、小、散”格局，

① 参见刘孟达等编著：《绍兴蓝皮书：2006 年绍兴发展研究报告》，北京：中国人事出版社，2006 年，第 26 页。

还没有得以根本性改观。生态环境不堪重负、企业效益提升乏力。1999—2004年，在绍兴市规模以上工业总产值中增长贡献率最大的10个行业中，纺织印染、化工医药、食品加工等行业增长贡献率高达26.3%。由于产业层次低，导致产业竞争力薄弱，这主要体现在产品的技术含量低和附加值低。有资料显示，绍兴“八五”期间每生产1元GDP需投入固定资本1.5元，“九五”期间为2.8元，“十五”期间变为3.2元，就是说资本的边际收益递减，说明经济增长的粗放性比较明显。在全市出口产品中，有超过70%的商品出口至欧美和亚洲等发达国家和地区，但主体仍是属于劳动密集型产业的服装及衣着附件、纺织纱线织物及制品等中低档传统产品。以绍兴县（现柯桥区）为例。这里是历史悠久的纺织之乡，更是全国最具代表性的纺织产业集群基地。从“一根丝”到“一块布”，再到“一件衣”，柯桥被称为“托在一块布上”的新兴城区，市场主体超15万家，大部分与纺织业有关联，印染产能约占全国1/3。但是，柯桥区的纺织产业链中游的化纤、织造、印染等加工制造业部分比重过大，其中游的化纤、织造、印染等加工制造业部分比重过大，产值占整个纺织产业的70%以上，这些产业占地多、耗能大、污染重、利润薄，处于“微笑曲线”的底部。2005 年，全县规模以上印染企业加工产品 127 亿米，创造利润 9.67 亿元，但每米印染布的平均利润却仅为 0.8 元。而纺织产业利润与核心竞争力较强的如设计研发、品牌以及市场营销等，则比重偏小。

3. 创新要素供给严重不足

国际经验表明，凡是 R & D 经费(研究与开发经费)占 GDP 的比重小于 1%的国家，基本处于技术引进与应用层次；具有较强引进、消化、吸收能力的中等发达国家，一般在 1.5%以上；自主创新能力较强的发达国家全部在 2%以上。2003 年，绍兴市 R & D 经费占 GDP 的比重为 0.65%，低于全省同期的平均水平，足见绍兴企业研发投入明显不足。高新技术产业增加值占比低于全省 7.2 个百分点。无论是每万人中的人才资源数，还是每万人中专业技术人数，在长三角地区同类城市中都是最低的，仅为苏州、常州、无锡等城市的 1/3。比如，绍兴县(现柯桥区)的纺织骨干企业多由乡镇集体企业转制而来，以劳动、资金密集型为主，“重模仿、轻创新”“重引进、轻消化”，R & D 经费占 GDP 的比重不到 1%，技术设计和装备自主创新等能力不强，多纺织企业习惯于来样加工和贴牌生产。纺织面料产品的科技含量与功能化开发程度很低，应用范围较窄，生产企业中64.8%没有自主品牌，平均利润率仅为3%—5%。

4. 生态环境损失不可逆转

“高能耗、高污染、高排放”的粗放发展模式，虽然为绍兴经济实现了快速增长，但也付出了较高昂的生态环境代价。首先，耕地、森林资源不断减少，城市用水、工业用水、服务业用水、生态用水的供需矛盾日益突出。以绍兴纺织业为例，作为曾经拉动绍兴区域经济增长、带动数百万人口就业的“功臣”，纺织业不得不面对“成长的代价”：资料显示，每印染1米布就要消耗12.7公斤水，而绍兴市每年生产156亿米印染布就要用掉2亿吨水，大约相当于20个西湖。结果导致区域性、水质性缺水情况不断加剧，甚至出现了“水乡缺水”的尴尬局面。其次，电力消费不断上升，电力供应已从过去的局部性、阶段性紧张转变为全面性、持续性的紧张。再次，环境污染加剧。2003年，全市每生产1亿元GDP需排放28.8万吨废水，生产1亿元工业增加值排放2.38亿标立方米工业废气，产生0.45万吨工业固体废物。2004年，全市每平方公里面积上所排放的工业废水达2.38万吨，工业废气1335万立方米，产生334吨工业固体废物，分别位居全省前四位。2005年，全市64.4%的河段水质低于III类标准；全市城镇降水pH值年均4.3，酸雨率达88.9%。

5. 社会发展平衡难以为继

与经济高速发展和经济总量迅速扩大相比，社会发展却显示出相对缓慢和不足。一是就业与社会保障的压力持续增大，养老基金历史欠债负担沉重，看病难、看病贵的矛盾尚未有效解决，困难企业职工医疗保障问题较为突出。二是社会不稳定因素增多。各种社会矛盾与利益的冲突导致群众的不满情绪上升，容易产生一些群体性事件，从而对社会安全与稳定构成威胁。安全生产形势不容乐观，事故多发，造成人、财、物的巨大损失。三是城乡居民收入差距继续扩大，农村社会公共产品供应严重不足。

三、国家宏观调控直击绍兴经济“痛点”

进入新世纪后，全国各地加快推进工业化、城市化、现代化的发展步伐。由于我国成功加入WTO（世界贸易组织），对外开放的广度和深度进一步扩大，各地发展经济的热情迅速高涨，经济形势很快出现"过热"现象。为此，从2003年下半年起，国家实行了"紧缩性"的宏观调控。土地、煤炭、电力、资金、燃气等生产要素供应日益趋紧，成本价格迅速上涨。受此影响，绍兴市主导产业的增加值、实现利润、出口交货值增幅出现较大幅度的回落。其实，这是"偶然中的必然"，是蕴藏于固有经济发展模式中的那些长期性、全局性和积累性矛盾，在宏观调控环境下的显现。

第三节 "八八战略"催生胆剑精神

面对改革发展遇到的诸多新问题、新挑战，时任浙江省委书记的习近平同志以浙江精神为引领，自觉运用中国特色社会主义理论，先行先试，在破解制约浙江发展的战略性、全局性、长远性问题上进行了一系列大胆的探索。2003年7月10日，习近平同志在深入调查研究的基础上，在省委第十一届四次全体（扩大）会议上，提出了"八八战略"，为解决经济社会发展中的深层次问题指明了方向。

一、"八八战略"是催生胆剑精神的助推器

胆剑精神正是在绍兴忠实践行省委"八八战略"的过程中应运而生的。习近平同志说:"进入新世纪新阶段,随着浙江经济的不断发展和规模的日益扩大,我们在发展中又遇到许多困难,既有'先天的不足',又有'成长的烦恼',原有的一些优势正在减弱,新的矛盾又在产生。浙江的发展正进入一个关键时期……面对产业升级的动力,企业发展的张力,要素制约和资源环境的压力,我们必须寻找新的出路,拓展新的空间。"[①] 这正是绍兴市委提出胆剑精神的内在机理和实践维度。显然,胆剑精神是绍兴市乃至浙江省在面临"先天不足"和"成长烦恼"双重挑战的境遇下产生的。

痛定思痛,2003 年的国家宏观调控给绍兴上了一堂生动鲜活的"政治经济学"课,那就是,"头痛医头、脚痛医脚"已难以为继。习近平同志一针见血地指出,过去那种"缺地了批地、缺煤了找煤、缺电了发电"的做法,只是权宜之计,而不是长远之策,即便舒

① 习近平:《不畏艰难向前走》,《之江新语》,杭州:浙江人民出版社,2007 年,第 144 页。

缓了表面的一时的问题，却难以解决那些深层次、积累性的矛盾。[1]

针对浙江长期积累的结构性、素质性矛盾，以及经济增长中过多依赖低端产业、过多依赖低成本劳动力、过多依赖资源环境消耗的格局。主政浙江的习近平同志高瞻远瞩，认为要着眼大局、把握大势，善于从战略高度分析国家宏观调控以及带来的负面影响。要跳出一时一事、一地一己的局限。他明确指出，要以宽广眼界审时度势，权衡利弊得失，把握现在、透视未来。国家宏观调控既是挑战，也是机遇。他提出要借助这个有利时机，淘汰落后产能，重点扶持一些新兴产业，变被动为主动，化消极为积极，以此倒逼浙江产业转型升级。切实有效的对策，就是坚定不移地实施省委提出的“八八战略”。总体思路是：以要素配置市场化和政府职能转变为突破口，率先完成从初级市场经济体制向更有活力、更有效率的现代市场经济体制的转变；保持浙江在体制和机制上的优势地位，为浙江实现经济增长方式转变和

---

① 王永昌：《“习书记指导绍兴谱写新时期的‘胆剑篇’”》，《习近平在浙江》（上），北京：中共中央党校出版社，2021 年，第 235 页。

社会结构全面转型注入新的动力。主要涉及经济增长方式、收入分配制度、社会结构和谐和政府职能转变等方面。

浙江省委作出“八八战略”决策后，绍兴市委迅速传达学习、贯彻落实。2004 年 7 月下旬，举办了专题读书会，深刻领会“八八战略”的内涵、实质和重大意义。7 月底，市委召开五届三次全会，就贯彻落实“八八战略”作出全面部署。在这次大会上，市委正式提出要大力弘扬新时期的“胆剑精神”。8 月，在对国家宏观调控政策进行全面梳理的基础上，市委召开“全市千家企业落实科学发展观、提升核心竞争力大会”，共同商讨如何落实宏观调控，加快转型升级，推动科学发展。在这次会议上，市委首次提出新时期“胆剑精神”十六个字的表述语。后来，市委根据“八八战略”以及习近平同志针对绍兴实际情况作出的战略部署进一步细化，出台了一系列政策和措施。

其间，习近平同志对绍兴曾多次强调要发扬“胆剑精神”，希望绍兴将历史与现实相结合，“既要卧薪尝胆、奋发图强，还要敢作敢为、创新创业，把绍兴人精明务实的性格与大气开放的气度结合起来，谱写新时期的‘胆剑篇’”①。

从习近平总书记28次来绍兴调研所作的一系列指示精神来看，他关于贯彻落实省委“八八战略”方面的谆谆教导，给绍兴以丰富的智慧启示：第一，落实省委“八八战略”，要有卧薪尝胆的志气。他反复强调，要发扬坚韧不拔的奋斗精神，利用“倒逼机制”，在努力改善要素资源供给的同时，痛下决心，苦练内功，“腾笼换鸟”，以“浴火重生、凤凰涅槃”的决心，加快推进经济结构调整。在2004年8月的一次调研中，习近平同志高度肯定了绍兴在贯彻实施“八八战略”上作出的努力，并提出：“希望你们步步为营地抓下去，因为落实科学发展观、贯彻‘八八战略’不是一天两天的事，也不是一年两年的事，是今后方向性的、长期的任务，必须不断夯实基础，不断深化发展。”②第二，落实省委“八八战略”，要有奋发图强的豪气。习近平同志认为，“企业要靠自身的

① 王永昌：《“习书记指导绍兴谱写新时期的‘胆剑篇’”》，《习近平在浙江》(上)，北京：中共中央党校出版社，2021年，第235页。

② 王永昌：《“习书记指导绍兴谱写新时期的‘胆剑篇’”》，《习近平在浙江》(上)，北京：中共中央党校出版社，2021年，第238页。

努力升级，创造更多发展机会，推动现有企业转型升级”。“绍兴的工业虽然比较发达，但地理空间有限，且紧邻杭州、宁波，要从绍兴的实际出发，因地制宜发展规模工业。……大型化工和纺织企业较多是绍兴的发展优势，要进一步保持这个优势。”“要‘跳出浙江发展浙江’，顺应工业的空间梯度转移规律，引导一些不再适应绍兴经济发展的产业往内地转移，同时扶持其他新兴产业的发展。”①他主张，把现有的传统制造业从目前的产业基地“转移出去”，再把“先进生产力”转移进来，以实现经济转型、产业升级。第三，落实省委“八八战略”，要有敢作敢为的勇气。“伤其十指不如断其一指。”习近平同志提出，绍兴纺织印染、医药化工等传统产业要锚定“绿色高端、世界领先”目标，刀刃向内，以集聚提升推动产业向先进制造业集群迈进。绍兴率先实行“企业组团”“兼并重组”“征收退出”以及“跨域整合”“全域智治”等分类施策，淘汰落后产能，持续推动传统产业集聚提升、加速智能化改造、加快构建绿色制造体系。按

① 王永昌：《“习书记指导绍兴谱写新时期的‘胆剑篇’”》，《习近平在浙江》（上），北京：中共中央党校出版社，2021 年，第 237 页。

照“整合集聚一批、兼并重组一批、倒逼关停一批”的原则，通过激励和倒逼双重机制，全面完成柯桥、越城两个区的印染产业集聚升级工程。印染企业从原来的259家（其中越城区47家）整合成110家；共淘汰落后印染设备2023台（套）以上。据统计，印染化工两大产业通过跨域整合累计腾退土地10000余亩，净节约土地4000余亩。以壮士断腕之志、涅槃重生的决心与魄力，淘汰落后产能，持续推动传统产业集聚提升、加速智能化改造、加快构建绿色制造体系。目前，柯桥印染企业国际先进设备比重达到60%以上；印染行业亩均税收提高至25.1万元，每米印染布附加值提高15%以上，形成了全国生产规模最大、产业链最完整、市场销量最大、设备最先进的纺织印染产业集群。第四，落实省委“八八战略”，要有创新创业的锐气。在绍兴调研时，习近平同志指出，要“鼓励企业进行创新，在推动科技创新、打造科技型企业的同时，基于原有技术和设备开发新产品，进行产品创新、品牌提升”。他还说：衡量经济发展的指标，可以“不再以总的产量来论英雄，而是以实际产出的效率来衡量地区发展，而且鼓励和扶持高科技企业”。[1]

由此可见，胆剑精神与“八八战略”是紧密相关的。二者存在着精神与实践的内在契合。

二、胆剑精神是实践“八八战略”不可或缺的核心要义

胆剑精神蕴含着“信念”“图强”“奋斗”“担当”和“为民”等因素，是实践“八八战略”不可或缺的核心要义。一方面，在实施“八八战略”过程中，都浸透着坚韧不拔、奋发图强、敢作敢为的胆剑精神；在每一具体战略部署上，或侧重反映体现绍兴人民革故鼎新、敢为人先、善于变通的创业创新精神，或侧重反映体现绍兴人民工商皆本、精明内敛、善于事功的时代精神，等等，“八八战略”自始至终都充盈和贯穿着胆剑精神的文化基因。另一方面，胆剑精神为实施“八八战略”提供强大的精神动力。

总之，“八八战略”是习近平总书记为浙江量身打造又与时俱进的宏伟蓝图和行动指南，它指引浙

① 王永昌：《“习书记指导绍兴谱写新时期的‘胆剑篇’”》，《习近平在浙江》（上），北京：中共中央党校出版社，2021 年，第 238 页。

江坚定不移转方式调结构、提能级促统筹、兴文化优环境、惠民生增福祉、抓治理保平安、强党建聚合力。不仅如此,“八八战略”还是指导绍兴总结提炼胆剑精神的原动力。20 年来,正是在“八八战略”的指引下,在胆剑精神的感召下,绍兴的高质量发展之路越来越宽、城乡发展品质越来越优、人文生态优势越来越强、人民群众生活水平越来越好、“枫桥经验”金名片越来越亮、干事创业精气神越来越足。

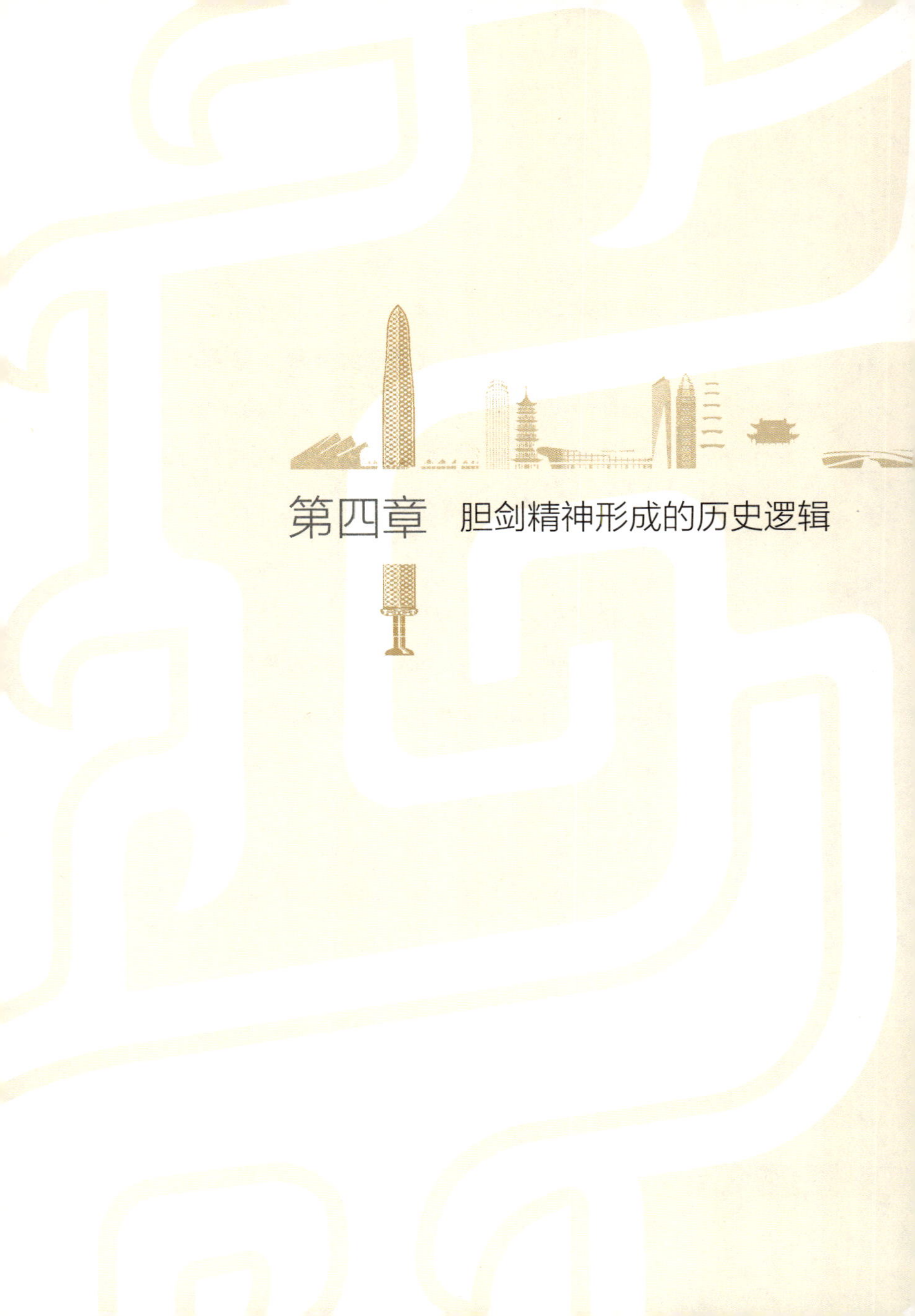

第四章　胆剑精神形成的历史逻辑

恩格斯说:“历史从哪里开始,思想进程也应当从哪里开始,而思想进程的进一步发展不过是历史过程在抽象的、理论上前后一贯的形式上的反映;这种反映是经过修正的,然而是按照现实的历史过程本身的规律修正的。”[①] 城市精神必须具备历史延续性、文化独特性和心理认同性。同样,胆剑精神只有建立在对绍兴历史蕴涵的概括与扬弃,对绍兴文化特质的提炼与传承,对绍兴成长基因的凝缩与彰显的基础上,才有可能真正被广泛接受、认同和追随。

① 中共中央马克思、恩格斯、列宁、斯大林著作编译局编译:《马克思恩格斯选集》第二卷,北京:人民出版社,1972 年,第 122 页。

第一节 胆剑精神：吴越争霸的历史积淀

回眸历史，胆剑精神发端于春秋末年吴越争霸时期，是与越王勾践抒写的励志故事——卧薪尝胆相伴而生的。如果说，吴越争霸是一条浊浪滔天的河流，那么胆剑精神便是这条河流激起的一朵洁白而亮丽的浪花。

一、吴越争霸的历史概览

纵观古代历史，每一个王国的兴起都是通过战争建立起来的，“成王败寇”已成为亘古不变的铁律。东周时期，周王室衰微，各地诸侯国群雄并起，逐鹿中原。他们为了扩张势力，野心膨胀，称王称霸，展开了一系列空前的厮杀。这一时期，作为毗邻于东南沿海的吴越两国同处于长江下游，在民族渊源、生活习性、生态资源方面也非常接近。然而，这两个邻国却发生了数次大规模战争，史称“吴越争霸”。

吴越争霸始于公元前510年,持续至公元前475年,历时35年,经历了槜李之战、夫椒之战、笠泽之战和姑苏围困战等,最后以吴国灭亡而告终。为了勾勒吴越争霸的历史概貌,不妨用"一个美女,二位国君,三场战役"来复盘这部精彩的历史大戏。①

1. 一个美女——西施

西施,姓施名夷光,春秋时期越国人,出生于诸暨苎萝山村。她是中国古代四大美人之一。有一天,西施浣纱于溪中,为越国大夫范蠡所遇。范蠡一眼瞥见,惊慕她的绝世容光,于是把她和另一村姑郑旦带到越国宫中。当时,正是国难当头之际,战败的越国称臣于吴国,越王勾践即将入吴为奴。

西施、郑旦入越宫以后,勾践便命人在会稽城外的土城建起一座美人宫(现为越城区西施山遗址公园),让文种负责训练她们俩,教以歌舞、步履、礼仪等,然后被送到吴国宫中。西施入吴十载,曲意逢迎,凭她倾国倾城之貌和高超的琴棋歌舞,成为吴王最宠爱的妃子。史载,吴王日日深宫醉不醒,沉迷酒色,

① 参见:《关于吴越争霸的四个数字》,《国学》(南北桥),2007年第3期。

不理朝政，西施为勾践复仇雪耻起了很好的掩护作用。在她的内应下，勾践终于灭吴复国。

在未入吴时，西施和范蠡产生了恋情。但她的使命是“复国”，不得不割舍了双亲和个人情爱，忍辱负重，去陪伴异国君主。当吴王夫差战败而引剑自刎后，西施回到了越国。按理来说，西施应该作为越国最大的功臣受到隆重礼遇，让其与亲人相拥团聚，与情人重燃爱火，就像传说中描写的那样，随范蠡泛舟五湖，尽享天伦之乐。然而，史实却并非如此。一些典籍记述，越王勾践在西施归国的当晚，就迫不及待地要她“伴寝”。西施死活不从，被杀身亡。

当然，对于西施的归宿，民间还有许多说法。一种说法是，当姑苏城破、吴国灭亡之时，范蠡匆匆来到吴宫深处，将西施救出，从水道进入云雾弥漫的太湖。远离政治斗争的旋涡后，与西施二人从此过着极尽人间豪华的生活，福寿双全而终。据《越绝书》记载：“吴之后，西施复归范蠡，同泛五湖而去。”相传范蠡、西施曾寓居宜兴，那里迄今有“施荡桥”“西施荡”等地名。另一种说法是，西施后来被沉江而亡。这种说法最早见于《墨子·亲士》篇：“西施之沉，其美也。”就是说，西施被沉于水中，她的死是因为她的

美丽。《修文殿御览》转引东汉赵晔所撰《吴越春秋》有关西施的记载:“吴亡后,越浮西施于江,令随鸱夷

诸暨西施故里

范蠡与西施(剧照)

以终。”这里的“浮”是“沉”的意思,“鸱夷”就是用皮革制成的袋囊。就是说,吴国灭亡后,西施被装在皮袋里沉到江里去了。还有人说,“沉杀”西施的不是越王勾践,而是吴人。当吴王夫差自刎而死时,吴人把满腔怒火都发泄在西施身上。他们用锦缎将她层层裹住,沉在扬子江。一些文人墨客对此也有不少描绘。唐代诗人李商隐曾作《景阳井》绝句一首:“景阳宫井剩堪悲,不尽龙鸾誓死期。肠断吴王宫外水,浊泥犹得葬西施。”皮日休也有诗题《馆娃宫怀古》,诗曰:“响屧廊中金玉步,采苹山上绮罗身。不知水葬今何处,溪月弯弯欲效颦。”另外,还有人以初唐诗人宋之问《浣纱篇赠陆上人》诗“一朝还旧都,靓妆寻若耶。鸟惊入松网,鱼畏沉荷花”为依据,认

为吴亡后西施回到故乡，在一次浣纱时，不慎落水而死。这些说法，似乎最理想，但也最缺乏证据。显然，如果没有确凿的史料作支撑，那么无论怀揣多么美好愿望的说法只能是饭后谈资，平添消遣而已。

然而，在以信史著称的《史记》中，《越王勾践世家》与《货殖列传》都提到了范蠡，但没有述及西施。那么，人们不禁要问：司马迁为什么对这个在当时政治生活中起着重要作用的女人只字未提？这个问题便成了千古疑问。

2. 二位国君——勾践与夫差

(1) 越王勾践

勾践(约前520—前465)，名菼执，越王允常之子，公元前497年继位，春秋末期越国的君主。公元前495年，勾践兵败于吴，被迫向吴称臣乞和。吴王夫差不顾伍子胥的反对，答应了越国求和。勾践带着妻子和范蠡去吴国臣事夫差。夫差让他住在阖闾墓旁一个小石屋里，每当夫差乘车出游，勾践都要牵马执鞭，侍奉左右。这样，勾践卑躬屈膝，忍辱负重，三年后终于赢得夫差的欢心和信任，被放回国。返回越国后，勾践念念不忘灭吴雪耻，祭出了“十年生聚，十年教训”一系列“组合拳”。他派文种治国理政，范蠡管理军事，对内休养生息，富国强兵，鼓励增加人口，以增强国力；对外继续讨好吴王，不断给吴王送去美女和大量的优质木材修葺宫殿，以削弱吴

越王勾践（剧照）

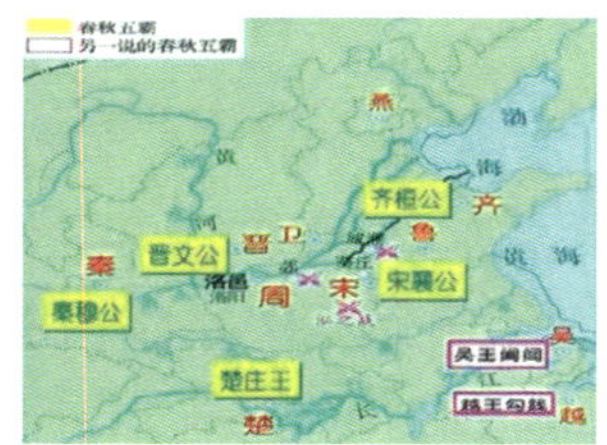

春秋五霸

国的国力。这些木材大都堆积在灵岩山下的河道里，这就是地名“木渎”的由来。他亲自下田劳作，夫人养蚕织布。勾践的这些举动感动了越国上下官民，经过十年的艰苦奋斗，越国终于兵精粮足，转弱为强。公元前475年，越王勾践攻破吴国都城姑苏，逼迫吴王自杀，实现了复仇雪耻的夙愿。随后，勾践又乘船进军北方，宋、郑、鲁、卫等国归附。不久，迁都琅琊（今山东胶南南），成为“春秋五霸”之一。那时候，越国疆域辽阔，据《史记》记载：“楚越之地，地广人稀，饭稻羹鱼，或火耕而水耨，果隋嬴蛤，不待贾而足。地势饶食，无饥馑之患。”

(2)吴王夫差

夫差(？—前473),春秋末期吴国国君,吴王阖闾之子。槜李之战吴王阖闾兵败于越,死后夫差即位。阖闾临死时对夫差说:“不要忘记报越国的仇。”夫差记住嘱咐,叫人经常提醒自己。他经过宫门,手下的人就扯开了嗓子喊:“夫差!你忘了越王杀你父亲的仇吗?”夫差流着眼泪回答:“不!不敢忘!”

两年后,吴王夫差亲自率领大军攻打越国,在太湖边的夫椒山一带大败勾践。勾践率五千残兵退守会稽山,无奈之下,派文种贿赂吴太宰伯嚭,向吴国投降称臣。这时,夫差急于攻打楚国,以为越国已不足为患,不听伍子胥劝告,答应了越国的投降,并撤军回国。从此,吴王夫差以为高枕无忧,终日沉湎于西施的美色,过着骄奢淫逸的生活。他狂妄自大,不惜穷兵黩武,生灵涂炭,经常出兵与晋、楚等国交战。他还听信伯嚭谗言,杀了忠臣伍子胥,政治日趋腐败。这时的吴国,貌似强大,实则已趋向衰败。

公元前482年,夫差亲自带领大军北上,与晋国争夺诸侯盟主,越王勾践趁吴国精兵在外,突然袭击,攻陷吴都,杀了太子友。三年后再次伐吴,将夫差包围在姑苏山上。吴国已是强弩之末,根本抵挡不住越国军队,屡战屡败。在越军的强大攻势下,吴王夫差派公孙雄肉袒膝行向勾践求和,恳求勾践像当年被困会稽一样,赦免吴王。勾践派人对吴王夫差说:“寡人考虑到昔日之情,可免你一死。你可到

吴王夫差(剧照)

吴相国伍子胥(剧照)

甬东(会稽以东一个海中小洲),君临百家,作为衣食之费。”夫差对来人说:“我老了,不能再侍候大王。”夫差悔恨交加,待来人退去,哭着对左右说道:“我深悔当初不听子胥之言,死后还有什么面目和这些忠良之士相见呢?”说完,便蒙面自刎。

长期以来,人们对勾践和夫差两位君王,似乎对勾践褒奖多一些。他那卧薪尝胆、坚韧不拔的毅力,为国人所传颂。但他江沉西施,剑杀文种,“可与共患难,不可与共安乐”的德行却让人嗤鼻。夫差也曾励精图志为父报仇,他能征善战,雄霸一时,但人们

对他最终迷色误国、玩物丧志的结局扼腕痛惜，并常以此作为教育国人最为经典的反面教材。

吴越争霸史，也是勾践、夫差的性格成长史，是在“时间流中展现人生的履历”[①]。从《国语越语下》来看，勾践深谋、隐忍，心机很重，夫差“盖威以好胜”（《吴语》），个性表现为“傲”“横”“莽”“狠”“昏”，[②]其居功自傲、野心膨胀、刚愎自用。就艺术形象而言，夫差更鲜活、生动，更有生气，血肉更饱满。勾践与夫差的个性与行为，导致“两国政治风格也有诸多不同点：吴谋浅而越谋深，吴阳刚而越阴柔，吴狂嚣而越深沉，吴逞志而越隐忍”[③]。

3. 三场战役——从“槜李”到“夫椒”再到“笠泽”

马克思指出：“历史是这样创造的：最终的结果总

① ［美］浦安迪：《中国叙事学·导言》，北京：北京大学出版社，1998 年，第 5 页。

② 裴登峰：《夫差形象塑造与〈国语〉的文学价值》，《中国文化研究》，2011 年“秋之卷”。

③ 陈桐生：《〈国语〉的性质和文学价值》，《文学遗产》，2007 年第 4 期。

是从许多单个的意志的相互冲突中产生出来的。”[1]确实，冲突与战争最能体现一个国家生产力的发展状况和国势的强弱。春秋末期的吴越争霸亦是如此。

(1) 槜李之战（公元前510年，公元前496年）

在吴越争霸史上，曾经发生过两次槜李之战。

——第一次槜李之战（公元前510年）

公元前510年，越王允常登上王位。允常雄心勃勃，因而在国内整军经武，积蓄国力，等待时机。这引起了吴王阖闾的密切关注，因为吴国此时已做好了全面攻楚的准备，远征大军蓄势待发。然而，近在咫尺的越国却蠢蠢欲动，让吴王阖闾寝食难安。

在精心策划后，吴王阖闾决定先征服越国。他以伍子胥、孙武为将，移师南下，征讨越国。此时，江南盛夏，一片葱郁，蛙声蝉鸣，掩不住金戈铁马之声。越国的疆域已越过了钱塘江。允常毫不示弱，率师北上。两军在槜李（今嘉兴市西南）对阵，展开了大规模厮杀。据《春秋》记载：“辛卯，鲁昭公三十有二，

① [德] 卡尔·马克思：《恩格斯致约瑟夫·布洛赫》，中共中央马克思、恩格斯、列宁、斯大林著作编译局编译：《马克思恩格斯文集》第十卷，北京：人民出版社，2009年，第592页。

伐越。”《左传》也阐述：“夏，吴伐越，始用师于越也。”据相关史料分析，这次战争仅局限于槜李一带，即两国相交的边陲地带。

吴军在孙武的指挥下势不可当，越军当然不是对手。吴军本为削弱越国国势而来，所以除了在战场上大败越军以外，又在越国“大掠而回”。槜李一战，揭开了吴越之间长达37年生死之搏的大幕。

——第二次槜李之战（公元前496年）

公元前496年越王允常死，其子勾践继位，吴国起兵攻越。与上次一样，吴越两军仍然战于槜李。吴国的军队阵列整齐严肃，越王勾践派敢死队冲锋失败，就改用罪人在阵前集体自杀，吸引吴军的注意力，同时派兵迂回偷袭吴军，三面夹击，吴军大败而逃。越将灵姑浮挥戈刺伤吴王阖闾，吴军败退，阖闾死于途中。值得一提的是，槜李之战虽然以吴军大败而告终，但吴国的实力仍然强于越国。

在两次槜李之战期间，还发生过一次越袭吴之战。公元前505年，吴军攻入楚首邑郢城，越王允常为报五年前的吴军突袭之仇，起兵偷袭吴国。吴王紧急派兵回救，越军无所获，自行退出吴境。吴王阖闾之弟夫概也悄悄溜回吴国，自立为王。阖闾被迫同楚国讲和，回师赶跑夫概，保住王位。这是越国历史上第一次反击战争。由于当时军事实力吴强越弱，越军并未能取得重大战果。

(2) 夫椒之战

公元前494年，在吴楚争霸战争中，吴王夫差率军在夫椒大败越军的作战。

公元前496年，越王阖闾趁勾践新立进攻越国，结果兵败身亡。夫差为报父仇，积极备战准备攻越。孙武和伍子胥整顿军备，以辅佐夫差完成报仇雪耻大业。

勾践见夫差励精图治，备战复仇，非常焦急，遂不听大夫范蠡的劝阻，试图先发制人，于公元前494年春天调集军队从水上向吴国发起进攻。吴王夫差见时机成熟，率十万精兵，以伍子胥为大将，伯嚭为副将，迎击越军，双方激战于夫椒。吴军耻丧先王，

吴越“夫椒之战”示意图

誓死图报，在孙武、伍子胥的策划下，吴军在夜间布置了许多诈兵，分为两翼，高举火把，只见在黑暗的夜幕中火光连成一片，迅速向越军阵地移动，杀声震天，越军惊恐万状，军心动摇，夫差更是亲立船头，秉袍击鼓，全军勇气倍增。恰好北风大起，波涛汹涌，吴军大舰顺流扬帆而下，俱用强弓劲弩，箭如飞蝗。越兵迎风，无法抵敌。灵姑浮、胥犴等将领战死，将士伤亡惨重。吴军乘胜追击，攻占越都埤中（今诸暨东北店口、阮市一带）。越王勾践仅以五千甲兵退守会稽山。在濒临危亡之际，越王勾践屈膝投降。

夫椒之战实际上是槜李之战的延续。吴王夫差虽然获胜，但允许与越议和，没有“宜将剩勇追穷寇”，一举灭越。这是吴王夫差在战略上的严重失误。

(3)笠泽之战（公元前478年）

公元前478年，在吴越争霸战争中，越军在笠泽（今江苏吴江一带）击败吴军。

吴王夫差率军在夫椒大败越军后，越王勾践被迫请和，臣服于吴。此后，夫差恃胜而骄，急欲称霸中原，连年对外征战，对越放松戒备。相反，越王勾践卧薪尝胆，励精图治，积聚力量，伺机灭吴。公元前482年，勾践乘夫差率师北上与诸侯会盟于黄池

（今河南封丘西南）之际，发兵突袭吴都姑苏，俘虏了太子友，后被烧死在姑苏台。夫差闻讯后，急忙从北方撤军回国。但吴军长途跋涉，疲劳不堪，无法抵抗越军的进攻，吴国大败，夫差只得派伯嚭携带丰厚的礼物去越国求和。越王勾践估量眼下还不能灭掉吴国，就答应同吴国讲和。五年后，越又趁吴连年天灾、兵疲民饥之际，再次举兵攻吴。勾践率军 5 万进至笠泽江（今江吴淞口）夹水对阵。吴军散兵四处，一时无法集结，夫差仅率姑苏守军仓促至江北抵御迎战，两军夹江对阵。越王勾践先从左、右两军中抽部分兵力为左、右两列，黄昏时进至上、下游五里处，夜半渡江，战鼓齐鸣，进行佯攻。夫差不察虚实，误认为越左、右两军渡江夹击吴军，忙派左、右军分别迎战，致使中军两翼暴露，孤立无援。勾践乘机率三军主力，偃旗息鼓，潜涉渡江，出其不意地向吴中军发起突然袭击。吴中军大乱败退。其左、右两军不及回救，亦随之溃逃。越军突破吴军防线后，乘胜猛追，连续进击，再战于没（今苏州南郊），三战于郊，三战三捷，大败吴军。夫差领残兵退守姑苏。勾践因姑苏城易守难攻，遂巩固占地，再做灭吴准备。

笠泽之战是吴越争霸过程中具有里程碑意义的

大决战。它使吴国遭受了前所未有的打击，其主力精锐几乎全军覆灭，从此吴国一蹶不振，再也无力抵抗越国的进攻。而越国方面则初步确立了对吴国的绝对战略优势。自此，越国灭吴称霸已指日可待。

二、吴越争霸的个中缘起

据史料分析，吴越争霸的原因，既有势力范围的根本冲突，又受晋楚争霸的外力促动，还夹杂着民族的复仇血性。

1. 势力范围的争夺

吴国和越国之所以成为仇敌之国，最根本的原因还是双方利益的冲突。吴、越两国都想对外扩张领土，称霸中原，越国是吴国进军中原的后顾之忧、心腹之患，而吴国则是越国北进江淮的障碍。吴人和越人都认为彼此之间是你死我活的斗争，正如《越绝书》卷五所载吴国相国伍子胥所说的："非吴有越，越必有吴。"此外，勾践在吴国为奴时，受尽了吴王的凌辱，这很大程度上激怒了越国的军民，增加了越国军民对吴国的仇视，越国军民都很想为自己的君王报仇。

2. 晋、楚争霸的推动

最初，吴、越都是楚国的盟国。公元前 601 年，楚国灭舒、蓼两个小国，并在此与吴、越会盟。晋国为了牵制楚国，于公元前584年派申公巫臣使吴，联吴制楚。而楚国也采用同样的方法，拉拢越国，打击吴国，最终达到直接联越制吴、间接联越制晋的目的。所以，晋楚争霸对吴越矛盾的激化，起了推波助澜的作用。

在此之前，越国国力较弱，无法和楚国、吴国抗衡，曾一度同时成为吴、楚两国的属国。但由于楚国距离越国较远，相对威胁较小，而吴国则时时威胁着越国的安全。所以，在吴、楚关系紧张，战争不断升级的情况下，越国基本上是站在楚国一边。越王允常利用吴、楚的矛盾，顺应楚国"联越制吴"的策略，使越、楚由原来的附庸关系转变为"战略伙伴关系"。此后，越国主动策应楚国，积极配合楚国袭扰吴国，让吴国陷入两线作战的境地，导致吴、越之间一系列的争战。从此，晋、楚争霸开始转向楚、吴的战争，最后形成了春秋末期吴、越争锋的局面。

3. 血亲复仇传统的浸染

当时，吴国和越国均带有强烈的民族血性，轻死、好斗、勇武，仇杀情结浓厚。这种强烈的血亲复仇情绪，使吴、越两国在数十年间攻战不息，虽数度两败俱伤而不已，非你死我活而不休。有两个例子说明问题。(1)公元前544年，“吴人伐越，获俘焉，以为阍，使守舟。吴子余祭观舟，阍以刀弑之”[1]。吴王余祭在视察战船时，不慎被越国战俘刺杀，成为两国结怨交恶的导火索。(2)公元前496年，吴王阖闾在槜李之战中，被越国大将灵姑浮砍落了右脚趾，最后在返回途中因伤重而亡。从而，导致吴越两国之间数十年的仇怨纠结，不可罢休。

总之，大国争霸是春秋时代的显著特征。在齐桓公首霸之后，晋、楚两国相继而起，逐鹿中原，争当盟主，但终因旗鼓相当，势均力敌。此后，出现诸侯并霸的局面。同样，吴越争霸也是一场争权夺利的战争，无论哪一方都没有正义与邪恶之分。

三、卧薪尝胆：吴越客卿们智慧博弈的结果

从表面上看，吴越争霸是吴王阖闾、夫差和越王允常、勾践之间的生死争斗，但如果研读《史记》《越绝书》《吴越春秋》等历史典籍，就会发现，在这些君

① [春秋]左丘明：《左传》，《传世藏书文库》第2卷，西安：三秦出版社，1999年，第605页。

王们的背后都站着一群才智卓越的客卿，包括吴国的伍子胥、孙武、伯嚭，越国的范蠡、文种。因此，可以说，吴越争霸是一场由吴越客卿们主导的国际战争。这场战争不仅助推越王勾践圆了“霸主梦”，还成就他滋养出一段“卧薪尝胆”的佳话。从这个意义上讲，作为精神财富的卧薪尝胆，是吴越客卿们智慧

吴越两国的君王及其他们的客卿

博弈的结晶。客卿，又叫“门客”，最初是特指秦国的一个官职。后来是指那些依靠才华在一个国家获得较高地位的其他诸侯国人。客卿最早产生于春秋战国时期，各诸侯国为了增强国力，在争霸中获得生存权，竞相收罗人才，替他们出谋划策。吴越争霸之前，各诸侯国之间还没有大规模的人才流动现象，更不用说外来人才能够在国际争端中发挥重要作用了。而在吴越争霸过程中出现了大量客卿的身影。最为

典型的，是来自楚国的伍子胥和范蠡。他们俩斗智斗勇，“斗法”胜负直接决定了吴越两国战争的成败。到了战国初期，越来越多的客卿活跃在国际交锋中，成为一股不可或缺的新生力量。

1. 范蠡：深谋远虑，功成身退

范蠡，字少伯，春秋末期楚国宛县（今河南南阳）人，年轻时师从奇人计然。宛县县令文种与他志同道合，两人便结伴入越。勾践继位后，和范蠡纵论天下大事，深契于心，于是封他为大夫，成为勾践的主要谋士。

范蠡深谋远虑，善于应变，长于攻心。他辅佐越王勾践20年间，为越国做了四次精心的谋划。

第一次谋划：公元前494年，越王勾践不听范蠡劝阻，北上攻吴，结果大败。勾践凄然地对范蠡说：“我不听先生之言，故有此患。眼下如何收拾危局？”范蠡冷静进谏说：“持满而不溢，则与天同道，上天是会保佑的。……为今之计，只有卑词厚礼，贿赂吴国君臣，倘若不许，可屈身以事吴王，徐图转机，这是危难之时不得已之计。”于是，勾践派大夫文种前往吴军大营请求议和，避免了越国的灭亡之灾。

第二次谋划：公元前490年，勾践回到越国后，向范蠡请教振兴越国之道。范蠡作了精辟的论述："天时、人事都是不断变化的,因此制定方针、政策要因时和事而定。……万物生长又各有定时,不到一定的时机,是不可能勉强生长,人事的变化也一样,不到最后的转折点,是不可能勉强成功的。因此,应该顺乎自然以处当世,等到机会到来的时候,就会把不利于己的局面扭转过来。"勾践听了,点头称是。

第三次谋划:公元前478年,越军取得了笠泽之战的决定性胜利。此时,勾践按照范蠡的部署,对吴都姑苏,高筑营垒,围而不歼竟达三年。吴王夫差自知日暮穷途,派使臣跪行至越军大营,乞求罢兵言和。勾践欲许和议。范蠡劝说道:"当年大王兵败会稽。天以越赐吴,吴国不取,致有今日。现在天又以吴赐越,越怎么可以逆天行事?况且,大王早朝晚罢,全是为了一个吴国。难道忘记昔日的耻辱了吗?谋划20年,一旦捐弃前功,伐柯者就在眼前!天与不取,反受其咎。"结果,逼迫吴王夫差自杀,吴越争霸画上句号。

第四次谋划:灭吴之后,越国君臣在姑苏台设宴庆功。群臣皆乐,唯有勾践面无喜色。范蠡见微知著,当即决定激流勇退。当晚,范蠡不辞而别,隐于江湖。后来,他辗转来到齐国,变名更姓,自谓鸱夷子皮。

他与儿子们耕作于海边，同治产业。没出几年，经商积资而成巨富，自号陶朱公。

2. 伍子胥：赤胆忠心，身死国灭

伍子胥（前559—前484），名员，字子胥。作为相国，他是辅佐吴国两朝的肱骨之臣。他一生能征善战，功勋显赫，最终却被自己的国君赐死。公元前522年，楚平王冤杀其父兄后，伍子胥逃奔吴国。他的前半生，为吴国鞠躬尽瘁，厥功至伟。他的后半生是在吴越争霸战争中度过的。在这场战争中，伍子胥是坚定的主战派。在几次具有决定意义的历史转折时刻，他都提出了颇具建设性的建议，如果吴王夫差采纳一次，也许吴越争霸史就要重新改写。

案例1：夫椒之战后，越王勾践派大夫文种向吴国屈膝媾和。当吴王夫差将要答应时，伍子胥规劝说："越王勾践为人能含辛茹苦，如今，如果不一举歼灭他，今后一定会后悔。"吴王不听，采纳了太宰伯嚭的计策，和越国议和。

案例2：越王在吴含垢忍辱三年，被赦回国后，矢志复仇雪耻。而吴王则多次北上攻齐。伍子胥规劝吴王说："越国是心腹大患，现在千万不要相信那虚饰浮夸狡诈欺骗之词，贪图齐国。攻克齐国，好比占领了一块石田，丝毫没有用处。希望大王放弃齐国，先攻打越国，否则，将会嗟悔不及。”吴王还是听不进去，却派他出使齐国。临行，伍子胥对他的儿子说：“我屡次规劝大王，大王不听。我现在看到吴国的末日了，你和吴国一起毁灭，没有好处。”他把儿子托付给齐国的鲍牧，改姓王孙氏，自己只身返回吴国。

从上述两次劝谏可以看出，吴王对伍子胥的信任度是在逐渐降低的，由原先的不满逐渐发展到疏远冷落，并渐生加害之心。加之太宰伯嚭长年诋毁，以及一时冲动的“寄子”事件。最终，吴王以私通敌国的罪名，赐伍子胥以属镂之剑自杀。伍子胥悲愤交加，自杀前，他嘱咐门下舍人：“我死后，请把我的眼睛挖下来挂在姑苏城东门，我要亲眼看着越国大军打进城门！”其刚正忠烈之心，昭然若揭。

3. 文种：鸟尽弓藏，兔死狗烹

文种，名会，字伯禽、子禽，楚国郢县(今湖北江陵纪南城)人，春秋末期著名的谋略家。他足智多谋，善于外交。后为越国著名大夫。文种对越国有两大不可磨灭的功绩。

功绩之一：软磨硬抗，促成媾和。公元前494年，勾践败于夫椒，向吴国请降求和，遭到拒绝。在这节骨眼上，文种向勾践献谋："吴国太宰伯嚭，贪财好色，忌功嫉能，与子胥同朝却志趣不合。吴王敬畏子胥而亲信伯嚭。若能私下以财色结其欢心，使其言

文种墓

文种

于吴王，则和议事成。"当晚，文种进献伯嚭一批"宝器"和八位美女。第二天一早文种再次拜见吴王夫差。"愿大王赦勾践之罪，则尽入其宝器；倘若您不肯赦越，勾践将尽杀其妻、子，焚毁其宝器，率五千将卒与您拼命！"口气之强硬，似乎比第一次求和更有过之。加之太宰伯嚭一旁进言，吴王终于同意请降。

功绩之二：内治有方，外交有术。勾践入质吴国期间，文种受命担起守卫越国的重任。他殚精竭虑，一面治理国政，恢复生产，"外守疆土之界，内修耕战之备，无遗荒土，百姓亲附"，一面奔走于吴越之间，

终于使越王提前解脱，重返故国。勾践归国以后，问文种该如何治理国家，报仇雪耻，文种不仅以“爱民”为宗旨，授之以治国理政之策，而且向越王献上伐吴“七术”，足见其赤胆忠心。

然而，历史的逻辑总是那么残酷而又真实。像文种这样一位功标青史的谋臣，最后竟死在为之卖命的君王之手。他的冤死，应验了“飞鸟尽，良弓藏；狡兔死，走狗烹”的谶语。据《越绝书》载，公元前 472 年，勾践召见文种，声色俱厉地说：“七术之策，今用三已破强吴。其四尚在子所，愿幸以余术，为孤前王于地下谋吴之前人。”[1] 就是说，“当年先生教寡人七条妙计，寡人用了三条就打败了吴国，剩下的妙计，请先生告诉先王去吧！”说完，赐给文种一把名为“属镂”的剑（当年夫差赐死伍子胥的那把）。文种遂仰天长啸，伏剑自杀。他死后葬于越都城卧龙山东北隅，《史记》《吴越春秋》也有类似记载。卧龙山又被称为“种山”。

4. 伯嚭：贪财好色，谗害忠良

伯嚭（？—前 473 年），子姓，伯氏，名嚭，春秋后

---

① ［东汉］袁康、吴平著，张仲清译注：《越绝书》，北京：中华书局，2020 年，第 285 页。

期吴国大夫，后任太宰。伯嚭本是楚国贵族之后，其父曾为楚王左尹，不幸为佞臣所害，并株连全族。公元前514年，他听说同遭迫害的楚国人伍子胥在吴国受到重用，便赶来投奔。经伍子胥竭力举荐，伯嚭成为吴王阖闾的谋士。公元前495年，得到吴王夫差的宠信，屡有擢升，直至宰辅。

对吴国而言，伯嚭做了最不光彩的两件事：一是收受贿赂劝吴王夫差放走勾践，二是进谗言害死忠臣伍子胥。

先说第一件事。平时，伯嚭沉默寡言，但在“是否同意越国请降”这件事情正在僵持不下之时，他站出来说道：“我听说古代讨伐敌国的，也不过迫使敌国臣服而已。现在越国已经臣服，我们还有什么可苛求的呢？”吴王夫差本就志骄气傲，不把越王勾践放在眼里。听了伯嚭冠冕堂皇的大道理，受了迷惑，答应了越王勾践的求和。

再说第二件事。吴国的相国伍子胥见识过人、明智，对事物看得穿、看得透。他早就看出了伯嚭背后的重大危机，多次向夫差直谏，夫差很是不悦，将其罢免。伯嚭早就对伍子胥怀恨在心，乘间对夫差说：“子胥怨望，叛国谋反。”于是，正在气头上的夫差赐伍子胥自刎。

有意思的是，越王勾践灭了吴国以后，坐在夫差原来坐过的朝堂里封赏功臣。吴国的太宰伯嚭也站在那里等着受封，勾践对伯嚭说：“你是吴国的大臣，我不敢收你做臣子，你还是去陪伴你的国君吧。”于是把他杀了。

综上所述，以范蠡、文种与伍子胥、伯嚭为代表的吴越客卿们，“在其位，谋其政，行其权，尽其责”，在吴越争霸的历史舞台上，演绎了一幕幕精彩传奇、跌宕起伏的悲喜剧。从胆剑精神的生成逻辑看，在吴越争霸期间，正是由于这些客卿们忠诚于各自的君王，凭他们卓越的智慧和权术，悉心谋划、精心运作，营造出一幅发人深省的历史图景：一边是吴王夫差沉湎女色，不理朝政；一边是越王勾践卧薪尝胆，励精图治。最后，吴越的结局便可想而知了。

第二节　历史文献观照下的“胆”与“剑”

从历史文献分析，胆剑精神镌刻着沧桑而励志的历史印痕。“一方水土养一方人。”在越地，会稽山与鉴湖水相伴而生、相得益彰。“山”的刚强与“水”的柔情交相辉映、和谐共存，使得越地人民刚毅而不鲁莽，顽强而不执念，厚重而又灵秀。资源匮乏、灾害频发的地理特征锤炼了他们自强不息、刚健有为的奋斗精神；多山临水的自然环境赋予了越地人民开拓创新、敢于冒险的创业激情。[①] 正如马克思、恩格斯指出：“意识在任何时候都只能是被意识到了的存在，而人们的存在就是他们的现实生活过程。”[②] 为此，越地人民常常有温柔谦让的外表，内心却刚正不阿，百折不挠。

一、“卧薪”和“尝胆”的历史真相

揆诸历史，勾践是春秋时期吴越争霸的最终赢家。在这场旷日持久的诸侯争霸中，越王勾践凭借自强不息的毅力和忍辱负重的耐力最终获胜，留下

① 参见段治文：《浙江精神与浙江发展》，杭州：浙江大学出版社，2013 年，第 24—36 页。

② 中共中央马克思、恩格斯、列宁、斯大林著作编译局编译：《马克思恩格斯选集》第一卷，北京：人民出版社，1995 年，第 72 页。

了“卧薪尝胆”等为后人所称道的历史典故。但是，关于越王勾践是否真的曾经卧薪尝胆，却众说纷纭。有的说，他从来没有卧薪尝胆，有的人说他“卧薪”而没有“尝胆”，也有的人说他“尝胆”是真，而“卧薪”却是虚构。是耶非耶？还得从稽考历史文献入手。

据史书记载，公元前 495 年，吴王夫差攻破越都埤中，越王勾践被迫率五千残兵投降，并带着妻子和大夫范蠡到吴国，卑躬屈膝伺候吴王。三年后，越王勾践被赦返回越国。为了不使自己贪图舒适的生活，消磨报仇志气，越王勾践牢记会稽之耻，卧薪尝胆，伺机复仇。他重用范蠡、文种等人，经过“十年生聚，十年教训”，终于使越国实力日渐恢复，继而兵精粮足，转弱为强。可吴国对此却毫无防备。公元前 482 年，吴王夫差参加黄池之会，尽率精锐而出，只有太子友和老弱守国。越王勾践遂乘虚而入，大败吴师，杀吴太子友。夫差仓促与晋定盟而返，连战不利，不得已与越议和。自此，吴国衰落。十年后，越王勾践灭吴称霸。

从一些文献典籍来看，越王勾践“兴越灭吴”的过程比较清晰。但是，他究竟有没有通过“卧薪”和“尝胆”两种手段来激励自己，却语焉不详，给人们创设了诸多想象空间。

《左传》和《国语》是现存最早的记载吴越争霸和勾践事迹的历史典籍,距当时的年代较近,其中记载的史实也较为可信,因而具有较高的参考价值。遗憾的是,这两本史籍虽然都详细记述了关于越王勾践的生平事迹,但都没有讲到越王勾践"卧薪尝胆",哪怕是只言片语。这种不约而同的历史记载,自然令人对此心生疑窦。

到了西汉,司马迁在《史记·越王勾践世家》中说过这么一段话:"吴既赦越,越王勾践返国,乃苦身焦思,置胆于坐,坐卧即仰胆,饮食亦尝胆也。"《史记》是可靠的信史,司马迁的话是非常明确的,勾践确实有过"尝胆"的行为,但并没有提到"卧薪"。司马迁所说的"苦身"是否是指"卧薪",司马迁并没有给出更为详细的交代。

东汉时期,袁康、吴平的《越绝书》和赵晔的《吴越春秋》虽然是专门记录春秋时期吴越两国历史的书,但都是以先秦历史为基础,但带有些许小说家的荒诞想象。《越绝书》中对"卧薪""尝胆"均未提及;《吴越春秋·勾践归国外传》也仅仅提到越王勾践"悬胆在户外,出入皆尝,不绝于口",而根本没有提及"卧薪”之事。

直到唐宋时期，在一些著述性的文字中，才开始出现越王勾践曾“枕戈尝胆”的说法。杜甫在《壮游》诗中曾有“枕戈忆勾践”之句。北宋学者王洙

越王勾践卧薪尝胆(迎恩门箭楼)

注释此诗称：越王勾践“出则尝胆，卧则枕戈”。南宋初年李纲在《议国是》疏中，曾说勾践“枕戈尝胆以励其志”；在《论使事札子》中又说：“勾践枕戈尝胆，卒以报吴。”戈，在古代是一种兵器，显然不是传说中的干柴硬棒。可见，勾践“卧薪尝胆”之事，从春秋到两汉，再到唐宋时期，一直没有明确记载。

最先把“卧薪”“尝胆”两个词语连缀起来，作为一个成语使用，最早出自北宋大文豪苏东坡。有一天，这位率真狂妄的豪放派奇才突发奇想，创作了一篇《拟孙权答曹操书》。在这篇带有戏谑性质的书信体散文中，苏东坡围绕曹操“同尊汉室”有无诚意的“诚”字做文章，针对来书要孙权“内取子布，外击刘备，以效赤心，同复前好”的胁迫，予以严正的驳斥，

以揭示其试图以诈迫谋取江东的野心。他穿越时空隧道，凭借大胆丰富的想象力，模拟孙权的口吻写道："……仆受遗以来，卧薪尝胆，悼日月之逾迈，而叹功名之不立，上负先臣未报之忠，下忝伯符知人之明。"事实上，孙权到底有没有"卧薪尝胆"，《三国志》《汉书》并无记载，即使在民间流传甚广的《三国演义》小说中，也找不到任何蛛丝马迹。可见，孙权的"卧薪尝胆"并非史实，而纯属苏东坡虚构和杜撰。即使有，也与越王勾践毫无相干。不过，作为一位名噪半个世纪的大文豪，其文章的影响力是巨大的，由他首创的"卧薪尝胆"成语也得到了广泛流传。因此，到了南宋时期，曾开、真德秀和黄震等爱国官吏、学者，不满足南宋的半壁江山，在他们的奏章、著述中，屡次提到勾践"卧薪尝胆"之事，旨在旁敲侧击那些懦弱无能的南宋皇帝和权臣们。当然，这是后话。

其实，真正把"卧薪尝胆"用在勾践身上并使之广为流传的是明朝的一些文学作品。明朝末年，在传奇剧本《浣纱记》中，梁辰鱼对越王勾践"卧薪""尝胆"进行了大篇幅的描写。清初，吴乘权在《纲鉴易知录》中写道："勾践返国，乃劳其凝思，卧薪尝胆。"后来，明末作家冯梦龙在其刊刻的历史小说《东周列国志》中也多次提到勾践“卧薪尝胆”的典故。正是这些文学作品让越王勾践“卧薪尝胆”的故事家喻户晓，但其真实性还需进一步考证。

不过，如果仔细研读《吴越春秋》，就会发现该书确实有越王勾践“卧薪”之事的记载。书中说越王勾践当时“苦身焦思，夜以继日，用蓼攻之以目卧”。蓼，清代考据学大家马瑞辰（1777—1853）在《毛诗传笺通释》卷六中解释说，“蓼”为“辛苦之菜”。商务印书馆出版的《古汉语常用字字典》（1998 年版）解释是：“蓼，植物名。种类很多，味辛辣。比喻辛苦。”可见，当时勾践准备了许多用来磨炼意志的“蓼草”。如此一来，《勾践归国外传》中的话意思就十分明显了：勾践冥思苦虑，日夜操劳，眼睛十分疲倦，就想睡觉，即“目卧”。他用“蓼薪”来刺激自己，其目的是能够忍耐克服，避免睡觉。这种“蓼”草积聚得多了，就成为“蓼薪”。“卧薪”“尝胆”分别是让视觉和味觉感到苦楚。由此可知，后人把“卧薪”说成是在木柴堆上睡觉，是曲解了《吴越春秋》的本意。因为“卧薪”是眼睛遭受折磨而不是身体遭受折磨。这种说法的结论是：尽管后人误解了这个词语的意思，但勾践确实有过“卧薪尝胆”的行为。这似乎与司马迁所说的“苦身”之间存在若干联系。综合现有的史料，不妨设想：越王勾践在深夜累了困了的时候借助“蓼薪”来提神，或者就靠在蓼草堆上小睡一会儿，惊醒之后，继续劳作。当然，这只是设想而已，缺乏文献典籍的支撑。

但不管怎么说，勾践“尝胆”是确有其事的，《史记》和《吴越春秋》等史书都明确提到过。而勾践“卧薪”之说，却是今人误解了古人的记载。这里的“卧薪”并不是指躺在柴草上睡觉，而是用成堆的辣蓼草（蓼薪）来刺激自己的眼睛。或者说，勾践睡在堆成“柴草”般的辣蓼草丛里，使自己不至于犯困睡着，懈怠意志。从这个意义上说，“卧薪”也是客观存在的。再则，《越绝书》中虽没有“卧薪”二字，但间接表达“卧薪”之意却是明确的。《越绝书·请籴内传第六》载，伍子胥对吴王夫差说，“越王勾践寝不安席，食不求饱，而善贵有道，是人不死，必为邦宝”[①]。《越绝书·陈成恒第九》载，越王勾践对子贡说的，“孤身不安床席，口不甘厚味，目不视好色，耳不听钟鼓者，已三年

① ［东汉］袁康、吴平著，张仲清译注：《越绝书》，北京：中华书局，2020 年，第 108 页。

矣”[①]。无论是“寝不安席”还是“身不安床席”都足以说明，勾践的床上确实没有铺草席。

二、“越人善剑”的来龙去脉

剑，是中国冷兵器时代最重要的兵器之一。《说文解字》中对“剑”释义为“人所带兵也。从刃，佥声”[②]。考古学发现，剑最早可以追溯至商代的青铜剑。越地虽然被中原诸侯视为“蛮夷”之地，但由于本地的铜锡资源丰富，加之能工巧匠多，铸剑技术十分高超。据《汉书 · 地理志》载“吴、越之君皆好勇，故其民至今好用剑”[③]。吴越之地，名剑迭出。三国时，曹丕见到历经 800 年依旧寒光逼人的青铜剑时，写下了“越民铸宝剑，出匣吐寒芒”的诗句。关于越王剑，学界历来有“越五剑”和“越王五剑”两种说法。每一把宝剑的背后，都隐藏着越国兴衰沉浮鲜为人知的秘籍。

① [东汉]袁康、吴平著，张仲清译注：《越绝书》，北京：中华书局，2020 年，第 138 页。

② [东汉]许慎：《说文解字》，北京：中华书局，1963 年，第 93 页。

③ [东汉]班固：《汉书》，北京：中华书局，2005 年，第 1568 页。

1. 越五剑

据《吴越春秋》《越绝书》记载，越五剑是指春秋末期越王允常派铸剑大师欧冶子铸造的五把宝剑，分别名为“湛卢、纯钧、胜邪（又名磐郢、豪曹）、鱼肠、巨阙”。北魏郦道元《水经注》亦云：“东带若邪溪，

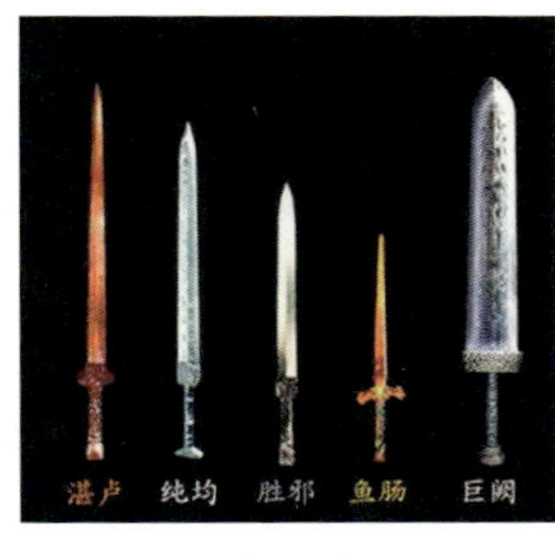

越五剑

越王勾践剑

《吴越春秋》所谓欧冶涸而出铜，以成五剑。”相传，越王允常将其中的胜邪、鱼肠、湛卢三把宝剑献给吴王僚。吴公子光（即后来的吴王阖闾）得其二，名曰：胜邪、鱼肠。他派剑客专诸去刺杀僚，用的正是“鱼肠”。据《越绝书》载：“时阖庐又以鱼肠之剑刺吴王僚，使披肠夷之甲三事。阖庐使专诸为奏炙鱼者，引剑而刺之，遂弑王僚。”①

① ［东汉］袁康、吴平著，张仲清译注：《越绝书》，北京：中华书局，2020 年，第 208 页。

据文献记载，越王允常时，越国拥有一批优秀的铸剑匠人，他们有高超的冶铸技艺，欧冶子就是其中最杰出的代表。为了北抗吴、楚，允常命令欧冶子在日铸岭铸剑。此地系会稽山之余脉，山形陡峭，岩石突兀，地形险要。这位铸剑大师谋定而动，带着妻子朱氏、女儿莫邪和女婿干将，迅速在日铸岭下支起灶台，点燃熊熊炉火。可惜，尽管欧冶子分别从上灶、中灶、下灶和铸铺岙等地，多次冶铸，却怎么铸也铸不出越王满意的宝剑。有一天，欧冶子来到日铸岭巅，再次垒灶生火。他亲自担任总工程师，按五方之

若耶溪

日铸岭及其古道

位，采五精之气，利用周边赤堇出锡、若耶出铜的资源优势，夙兴夜寐，终于炼成了盖世无双、尊贵无价

的五把宝剑。宋吴处厚《青箱杂记》载："昔欧冶铸剑，它处不成，至此一日铸成，故名日铸岭。"现在，绍兴柯桥区平水镇尚存日铸岭以及岭下若耶溪旁的赤堇山（铸铺岙）、上灶、中灶、下灶等地名（上灶、中灶现已合并为"剑灶"）。

2. 越王五剑

越王五剑，是指自勾践北迁琅琊以来直至越王翳，越国五位国君所拥有的五把宝剑，传世至今。

越王勾践剑。1965 年，湖北江陵望山楚墓出土了一把稀世宝剑——越王勾践剑，现陈列于湖北省博物馆。这把剑出土时，虽历经 2400 余年，但依然锋利无比，寒光凛冽，甚至连上面的暗纹都没有遭到锈蚀。一名考古人员拿剑时不慎便将手指割破，血

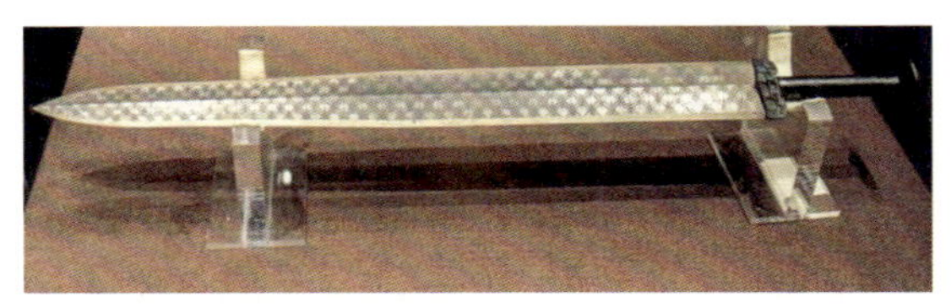

堪称"天下第一剑"的越王勾践剑

流不止。有人再试其锋芒，竟将 16 层白纸划破。其坚韧锋利足以证明《战国策 · 赵策》对吴、越之剑"肉试则断牛马，金试则截盘匜"的描述并非虚言。此剑

长 55.7 厘米，宽 4.6 厘米，柄长 8.4 厘米，重 875 克，近剑格处有两行鸟篆铭文（也叫“鸟虫书”）：“越王鸠浅（勾践）自乍（作）用剑”八字。越王勾践剑制工精美，显示出铸剑师的卓越技艺。据考证，这把宝剑是勾践把女儿（即楚昭王之越姬，楚惠王之母）嫁给楚昭王时带去的嫁妆，后世的楚王，又把这把宝剑赏赐给了召氏家族。看来，这把宝剑见证了越国称霸以前越楚联盟的友谊。

越王者旨於睗剑。“者旨”即越国王室的氏名“诸

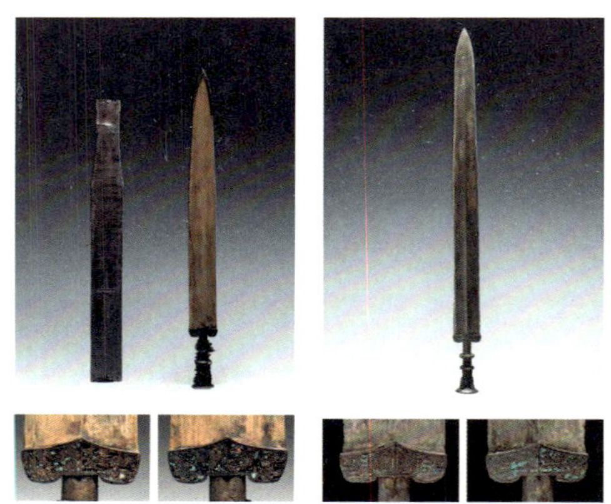

越王者旨於睗剑（左：浙江省博物馆藏；右：荆州博物馆藏）

稽”，而“於睗”则是鹿郢之别名“与夷”之异体字。鹿郢作为国君政绩平平，他存世的宝剑总共有三把。其中一把失落民间。

1995年由杭钢集团出资136万港币从香港赎回，现由浙江省博物馆收藏（上左图）。此剑长52.4厘米，圆盘形剑首，饰五道同心圆，剑茎上有两道椭圆形箍，剑首与剑格间缠绕丝质缠缑。“凹”字形宽剑格两面铸双钩鸟虫书铭文八字，一面为“戉（越）王戉（越）王”，另一面为“者旨於睗”，字口间镶嵌绿松石，此剑还配有黑色漆木剑鞘。另外，还有一把越王者旨於睗剑由荆州博物馆收藏（上右图）。该剑长65厘米，剑首内铸有七道同心圆，圆柱形实心剑茎，上有两道椭圆形箍，箍面上有4道凸棱，靠首端用木料包夹呈圆形，茎的其他部位均用丝绳裹缠至填平箍间。剑身颀长，近锋处收狭，弧形双刃，中部起脊，两从斜弧。宽剑格正反两面各铸鸟虫书铭文四字：“戉（越）王戉（越）王”“者旨於睗”。

越王不寿剑。越王不寿剑仅存一把，长69厘米，

越王不寿剑

是所有问世的越王剑中最长的一把，剑茎及剑鞘均有缠缑缠绕，倒“凹”字形宽格上两面各凸铸鸟篆六字“越王不寿不寿”和“自作用剑用剑”。不寿在位时间不长，只有十年，在给儿子朱勾定了亲事以后不久，就被儿子朱勾给杀掉了，他儿子朱勾也开启了后面越国弑君潮的先河。

越王州勾（朱勾）剑。朱勾作为越国最盛时期的君王，在位时间长达 37 年，因此也留下了最多数量

越王州勾（朱勾）复合剑

的宝剑，共有 11 把。其中，有一把曾为河南某农妇所获，被用来劈柴、削铅笔，据说是当年她的太爷爷用四块银圆买来的。越王州勾剑最有价值，因为它具有独特的铸造工艺，是一把复合剑。其铭文为“越王州勾之用剑，唯余土囷邗”。“邗”即扬州“邗沟”，可能是吴国开凿运河时所铸。这把宝剑出土于绍兴附近，也许是越国覆亡以后仍然保留的一件兵器。

越王不光剑。不光即最终南迁回吴地的越王翳，是越王勾践的第四代孙，其统治时期越国较为强盛。越王翳在位时间较长，故所铸青铜剑也较多。目前，

越王不光剑

已出土“越王不光剑”七把，其中三把由绍兴市博物馆收藏。有一把青铜越王不光剑，长 60 厘米，剑格宽 5.2 厘米，剑首直径 4 厘米。该剑剑体狭长，其前锋作两度弧曲内敛成锋，剑身呈柳叶形，两侧保持平衡，至剑体四分之三以后逐步收敛，线条规整。此剑剑格较薄，错金或错银的银鸟虫书，正背各有四字，重文二字，文互反，一边有“戉王戉王”，“戉”为错金，“王”为错银；另一边有“不光不光”字样，均为错银。剑刃至今仍极为锋利，代表了当时最高的铸剑水平。

这里，还有必要指出，文献记载的“越人善剑”，除了越人擅长“铸剑”以外，还十分精通“相剑”和“用剑”。就铸剑来说，《吴越春秋》记载干将造剑的过程，实际上说出了铸剑的四个关键“要领”。一是巧工。

“干将者，吴人也，与欧冶子同师，俱能为剑。”[1] 二是材美。干将造剑用的原料是“五山之铁精，六合之金英”[2]。古曰：“金者五色，黄金、白银、赤铜、青铅、黑铁。”现代实验分析表明，越王勾践剑的主要成分为铜、锡、铅、铁、硫、砷诸元素，但各部位元素的含量不同。剑脊铜的含量较多，韧性好，不易折断；刃部锡的含量多，硬度大，便于刺杀。三是天时。干将造剑时“候天伺地，阴阳同光，百神临观，天气下降”[3]，即选择适合的季节。四是地利。干将铸剑“候天伺地”“即山作冶”。因为地点直接影响原材料的质量和成本。

随着剑的广泛使用，“相剑术”便应运而生。相剑者通过观察剑器的外表（包括器形、纹理、颜色、光泽、铭文、装饰等），来鉴别其优劣和名剑的真伪。越王勾践时期的薛烛、风湖子，就是其中杰出的代表。

---

① ［东汉］赵晔：《吴越春秋》，北京：中华书局，2019 年，第 57 页。

② ［东汉］赵晔：《吴越春秋》，北京：中华书局，2019 年，第 57 页。

③ ［东汉］赵晔：《吴越春秋》，北京：中华书局，2019 年，第 57 页。

在《吴越春秋·阖闾内传第四》中，对薛烛、风湖子等人的相剑之术作了精彩描述，他们不仅对剑器的外表观察入微，而且由此推知其内在的本质，进而预测事情的发展方向，由相剑而达先知先觉之境地。

至于剑的用途，可谓不胜枚举。《吴越春秋》许多地方提到剑，大部分是作为武器来使用的。两国交兵，兵士手中的武器是剑，“令三百人皆被甲兜鍪，操剑盾而立”[①]“吴师皆文犀长盾，扁诸之剑，方阵而行”[②]；武士斗勇用的是剑；忠臣受诛用的是剑；兵败主亡自尽用的仍是剑。作为礼物，伍子胥答谢渔父救命之恩所送之礼是剑，越王勾践送给子贡的礼物有剑，战败国越国进贡给吴国之物依然是剑。此外，剑还可以作为显示身份或地位的饰品佩戴于身。

三、越王剑：见证复仇、尚武、自强精神的文化胎记

如前所述，在吴越争霸时期，从贵为天子的君王

---

①［东汉］赵晔：《吴越春秋》，北京：中华书局，2019年，第72页。

②［东汉］赵晔：《吴越春秋》，北京：中华书局，2019年，第135页。

到智勇双全的谋臣，从世所共闻的勇士到籍籍无名的市井，无不散发着凌厉逼人的剑气。在越地，剑成为复仇雪耻生命力量的象征。正如越王勾践所说："夫越性脆而愚，水行而山处，以船为车，以楫为马，往若飘然，去则难从，锐兵任死，越之常也。"[1] 由此折射出那个时代的社会风气。人们的一言一行都蕴含着复仇、尚武、自强的文化基因。

一是浓郁的尚剑时风。吴越争霸时期，剑作为一种刺击性武器，享有"百刃之君"的美誉。无论帝王诸侯、武士侠客，还是文人墨客、布衣百姓，无不对其敬爱有加。人们或击或舞，或佩或吟，尚而成风。剑不仅有利于近战，而且轻便易使，容易铸造。作为防身性兵器，剑的造型优美，修长坚挺，装饰华丽，使携带者增加儒雅气质。更重要的是，剑正好契合越地彪悍、好斗的习俗。据《汉书·高帝纪》称："越人之俗，好相攻击。"勾践为了复仇，聘请越女传授剑法；吴王阖闾为了扩张地盘，聘请干将铸剑。由于越地的宝剑铸造精良而被世人视为宝物，"夫有干越之剑

① [东汉] 赵晔：《吴越春秋》，北京：中华书局，2019 年，第 286 页。

者，柙而藏之，不敢用也，宝之至也”。后来，尚剑之风甚至演化为以“剑”代“武”的地步，即以“剑”作为习武的象征。

二是强烈的崇拜心态。吴越争霸时期，剑被人们赋予神秘的超自然的力量，这种崇拜心态让相剑者赋予剑以先知先觉的力量。据《越绝书》记载，楚王挥舞宝剑太（泰）阿，指挥军士抵抗晋、郑两国的讨伐，并大获全胜。楚王在高兴之余向大臣风湖子发问：“夫剑，铁耳，固能有精神若此否？”风湖子作了肯定的回答，认为确实存在着“铁兵（剑）之神”，而且它与“大王（指楚王）之神”是相通的。这种说法，反映出当时赞美勇士、崇尚武艺的社会价值取向，彰显了人们强烈的“剑器崇拜”思想。薛烛作为著名的相剑大师，更是提出铸造名剑的条件为“赤堇之山破而出锡，若耶之溪涸而出铜，雨师洒扫，雷公击鼓……太一下观，天精下之”。说明在当时，各诸侯国间不断征战形成的尚武风气，使剑逐渐被人们神化与崇拜。“剑之威”由此产生。因而，人们对剑的崇拜心理也有对神秘因素的类似宗教式的体验，转化为物人合一的心灵感应。

三是激越的文化印痕。由于史书对剑的着墨渲染，更丰厚了剑文化底蕴。在吴越争霸时期，剑已经超越了单纯的兵器属性，兼有了人文教化功能。最突出的是，人们常以观赏击剑为乐。据典籍记载，“吴王好剑客，百姓多疮瘢”[①]。不仅如此，还涌现出了不少击剑名家，如越女等。《吴越春秋》记载了越女对击剑的论述：“凡手战之道，内实精神，外示安仪。见之似好妇，夺之似惧虎。布形候气，与神俱往。杳之若日，偏如腾兔。追形逐影，光若仿佛。呼吸往来，不及法禁。纵横逆顺，直复不闻。”[②] 越女精辟地阐述了击剑需要把握的“要诀”，包括动与静、快与慢、攻与守、虚与实、内与外、逆与顺、形与神等关系，涉及动作速度、路线、呼吸等要求，把机动灵活、变幻莫测、出奇制胜的战术要素阐述得淋漓尽致，反映出其高超的击剑技术。此外，由于当时铸冶技术有限，剑稀缺而珍贵，使得佩剑成为身份的标识。

---

① [北宋] 司马光：《资治通鉴》(上)，北京：大众文艺出版社，1999 年，第 398 页。

② [东汉] 赵晔：《吴越春秋》，北京：中华书局，2019 年，第 241 页。

第三节 “胆”“剑”群体人格特征及其演进轨迹

区域文化精神是该区域的社会成员在长期的社会实践中形成，通过“态度”“情绪”“价值观”等表现出来的人格特质。它以地域性的群体人格为载体，见之于历史典籍、传说故事、风俗礼仪等。胆剑精神的重要特质之一，就是剑胆琴心、刚柔相济、崇智尚勇。这是绍兴人禀赋中蕴含的刚性、柔性与灵性的有机耦合。不仅如此，胆剑精神作为区域文化精神是具体的、历史的，它从悠远绵长的历史长河中逶迤而来，并始终处在不断嬗变和演进的过程中。

一、绍兴人的群体人格特征

群体人格特征是指一种让群体行为保持持久而稳定的基本因素。当今时代，在特定历史文化、地理环境熏陶下，绍兴人最突出的人格特征便是“剑胆琴心”。主要表现在：

1. 尚智而寡勇。既讲究谋略、以智取胜,但又瞻前顾后、求稳守成

自古以来,在越人的血脉里始终涌动着“尚智”的基因。复杂多变的自然环境、濒海临江的区位条件、连绵起伏的地形地貌,培养了越地人顺应自然、因地制宜的生存能力,孕育出精明变通、因势利导、以智巧取的精神品质。远古时期,大禹尊重自然规律,改“堵”为“疏”,凿山疏流,终于治平了洪水之患,成为人们心目中的智慧化身。公元前494年,越王勾践兵败夫椒,为了保全社稷宗庙,他应势而谋,向吴国屈膝乞和,带着妻臣入吴为奴。他表面上奴颜婢膝,忍辱负重,暗地里却紧锣密鼓地做着复仇雪耻的各种准备。三年后,越王勾践依靠范蠡的聪明睿智才得以回国。回国后,越王勾践采纳谋臣范蠡、文种的“灭吴七术”,卧薪尝胆、励精图治,经过“十年生聚,十年教训”,终于灭吴称霸。“灭吴七术”堪称智谋之经典:当越国面临不利形势时,要坚信福祸会转化;在吴越力量相差悬殊时,要卑辞厚礼,忍辱求和;在赢得喘息机会后,要麻痹敌人,壮大自己,利用敌国内部矛盾离间君臣关系等。活跃于明清政治舞台四百多年的绍兴师爷,是越人足智多谋的典范。他

绍兴师爷博物馆

绍兴师爷(剧照)

们以委婉圆通的方式为人处世,拥有“计谋千条足,智慧万丈深”的本领,善断疑难悬案,机灵敏捷,随机应变。他们的思维品质在民间受到了广泛的认同。改革开放以来,绍兴人民千方百计谋发展,千言万语找客户,在全省乃至全国创造了一个又一个“率先”,取得了非凡的业绩,使尚智精神在当代得以延续。

但遗憾的是,到了当今时代,与“尚智”底色世代传承、不断擦亮相比,古越先民拥有的那种“一不怕苦,二不怕死”的勇气却似乎打了折扣。回溯历史,越国时期,“吴越之君皆好勇,故其民至今好用剑,轻死易发”。可见,尚武好剑成了古越之民风。弱小的越国敢于和强大的吴国抗争,越卒“锐兵任死”,不可谓不勇。战国时期,中原人视越人为猛虎,其勇猛的习性已昭然天下。此后,每当国家到了生死存亡的紧要关头,越地都会涌现一批忠烈义士,或文或武,皆能为国家民族慷慨赴义。这种血性烈风一直延续到了近代，尤其在辛亥革命中达到了一个新的高潮。但每当国家处在相对平和、稳定的时期，越地人则显得格外谨小慎微，很少有硬朗、豪爽之气，更不用说“三千越甲可吞吴”的英雄气概。周作人在评论张岱《陶庵梦忆》时说：“不知从什么时候起的，绍兴的风水变了的缘故罢，本地所出的人才几乎限于师爷与钱店官这两种，专以苛细精干见长，那种豪放的气象已全然消失。”[①] 确实，近代以来，越地名士中绝大多数都是“尚智”型人才。这从侧面反映出越文化精神的价值取向。在现实生活中，许多人骨子里推崇偏安一隅，求稳守成，做事情不愿闯、不敢试，满足于“既不落后，也不冒进”，适时“跟进”，甘居中游。

2. 隐忍而慷慨。既忍辱负重、坚韧不拔，但又绝地反击、宁死不屈

关于越地民风，南宋进士王十朋在《会稽风俗赋》中讲到的“慷慨以复仇，隐忍以成事”可谓一语中的。忍耐，并非越地人文精神所特有，而是中国传

① 周作人：《知堂书话》（下），海口：海南出版社，1997年，第679页。

统文化的基本特质之一。"和为贵，忍为高""小不忍则乱大谋"（孔子）、"宁可忍耐而死，不可向利而生"（曾国藩），从来都是经典的育人名言。但是，越地先民的忍耐因"隐"而具特色。痛而不言，藏而不露，一个人默默地承受着痛苦，韬光养晦，以屈求伸，等待时机。这种"隐"式的忍耐显然带有自我伪装、自我抗争的特点。这与越人长期形成的文化心理有直接关联。历史上，越地没有形成大家族的群体生活方式，几乎没有通过血缘亲情关系获得他人帮助的机会。向别人坦诚说出自己的困难或痛苦，很难获得实质性的帮助。再加上，越地也是一个盛产"看客"的地方，如果不想让自己成为别人的谈资，最好的选择就是把自己的苦衷"咽"下去、藏起来。

从一定意义上，"隐忍"的目的是"成事"，是为了更好地实现既定的奋斗目标。可见，越地文化精神中的"隐忍"，本质上是积极进取的。在生意场上，越谚"打也来、吊也来，蚀本不来"对此作了很好的诠释。改革开放初期，柯桥区（原绍兴县）的乡镇企业家创造的"四千精神"，则是对"隐忍以成事"最精准的现代诠释。他们凭借"四千精神"取得的经济社会发展的丰硕成果，再次证明"隐忍"的确可以"成事"，即便在当今时代仍然具有丰富而深邃的现代价值。

而作为“隐忍”的另一面,“慷慨”是指豪放、激昂、刚烈。在忍无可忍、没有退路的情况下,处在“绝处”中的越地人,绝不会坐以待毙,而是奋起反抗,拼死一搏。古往今来,这种“慷慨”的人格特质具有深厚的民众基础。越王勾践在极其艰难恶劣的条件下,忍辱负重,发愤图强,终于在二十年后灭吴雪耻,“快偿宿怨”,成就了一代霸业。明代王思任说:吾越乃报仇雪耻之乡,非藏垢纳污之地。鲁迅先生也说:会稽乃报仇雪耻之乡,身为越人,未忘斯义。吴越争霸时期,这种以“复仇”为宗旨的坚毅刚烈、强悍豪迈之气,创造了“三千越甲可吞吴”的神话。秦汉以后,每当国家和民族处在生死存亡的关头,或者处在思想文化变革的关键时期,这种“慷慨”品质便被激活。会稽太守马臻不顾当地土豪劣绅的反对,主持修建鉴湖水利工程,为民造福而自己则蒙冤入狱,被处以极刑。南宋爱国诗人陆游面对祖国半壁江山的沦陷,用激昂的诗文,鞭挞投降派,号召人民起来抗战。明代越人沈炼嫉恶如仇,因多次弹劾权臣严嵩而被谪保安州,后又被严嵩死党诬陷而遭弃市杀害;王思任致书痛斥临敌逃逸的奸相马士英;当清兵渡钱塘江后祁彪佳留下绝命词“含笑入九泉，浩气留天地”，自沉于寓园梅花阁池中。在思想文化上，王充以“问孔刺孟”的勇气，贬斥儒家等传统哲学流派，并批判民间神话以及奠基于民间神话的社会建制，将唯物主义推向高峰；王阳明敢于同程朱理学叫板，反对拘守经典，独创“心学”，极大地弘扬了人的主体精神；黄宗羲主张维新变法，提出了“为天下，非为君；为万民，非为一姓”的民主启蒙思想，堪称中国启蒙主义之先驱。鸦片战争以后，在民族存亡的转折点，一批“慷慨”义士应运而生。无论是秋瑾以身许国、勇于牺牲的精神，徐锡麟临危不惧、义无反顾的精神，还是陶成章艰苦奋斗、脚踏实地的精神，都是越人“慷慨”品质的延续和弘扬。

3. 精明而内敛。既精细于事、明察于人，但又淡泊名利、不露锋芒

古往今来，越地先民讲究“精”字。在农事上，精耕细作；在工艺上，精雕细刻；在生活上，精打细算；在生意场上，精明强干。无论做事还是做人，心里面都盘算过，谨言而慎行。做事，于细微处辨真伪、明是非、知得失，做到未雨绸缪、见机行事；做人，听其言而观其行，不为假象所蒙蔽，做到心中有数、见微

知著。只有在细微处做足文章,对事对人有准确的认知、敏锐的判断、冷静的决策,才能把一切危险因素消灭在萌芽状态。即使大难临头,也会做到临危不惧,从容淡定,然后深研细酌,寻找破解之法,化险为夷,尽量将损失或伤害降到最低点。正如清代著名竹枝词传唱的,“部办班分未入流,绍兴善为一身谋”,说的就是绍兴人做事谨慎精细、善于筹划。明清时期,绍兴师爷世事通达、谋事精明、治事谨慎,才赢得了官员们的青睐。

与此相关联,越地民众还具有不露锋芒、不事张扬、低调内敛等个性特征。这种个性特征,不是消极无为的,而是主张通过隐匿、躲藏等方式,以避免拥有的财富或声誉惹人妒忌而引起不必要的纷争。表现最为典型的是绍兴“台门”。不论官邸还是富宅,基本格调为乌黑色,围墙高耸,门面很小。高过好几个人头的围墙,似乎想把这里的一切都包裹得严严实实。小气的门面,或就想告诉外界这是一户普通人家。里面进堂式的住宅,或三进,或五进,或七进,不管内部装潢多考究,其外部都不显眼,通常是前楼低矮,然后逐进增高,反映出“富而不露,贵而不显”的脾性。当然,内敛精神在本质上是进取的,是以退为进的处世之道。在家庭教育中，长辈们总会教导自己的子女儿孙要低调和善，忠厚本分，不要炫耀夸张。但有时过于内敛，寡言而无趣，反而会适得其反，有时难免会给人带来“恭谦有余、豪爽不够”“城府太深、工于心机”“表面清淡、内心幽深”的感觉。

二、“胆”“剑”群体特征迭代演进的历史轨迹

2000多年来，由于社会生产力的推动，并由此诱发文化主体的变化、文化生态的改变和文化主体的变迁。滥殇于先秦时期的越地文化精神，从“轻死易发”“锐兵任死”的强悍、勇猛的品质逐步嬗变为以刚柔相济、“剑胆琴心”为基调的人格特征，并非一蹴而就，而是经过漫长而曲折的历史长河的洗礼和悠悠岁月的沉淀。其迭代演进的基本轨迹是：

1. 第一阶段（春秋战国时期）：萌发与雏形

这个时期，是越地文化精神的萌发与雏形时期。其源头是大禹精神，基本蕴涵是“抗争”，它所显现出来的原生态特质是“勇猛、勤劳和智慧”。春秋末期，吴越争霸作为一种全民参与的行为，其文化底色即不畏强暴、机巧权变。“越国在战争中从败到胜的曲折经历，深刻影响着每一个越人，使他们真切地体验

到战争的残酷、丧国的耻辱和雪耻的艰辛，从而培育了一种‘报仇雪耻’的文化性格，形成了以‘刚毅’和‘机巧’为基调的集体无意识。”[①] 其间，越人表现出来的“报仇雪耻”“忍辱负重”“卧薪尝胆”“励精图治”等精神品质，代代相传，成为流淌在越人血脉中的最强基因。在面临生死存亡之时，越人能励志图强，彰显出强劲的拼搏精神；一旦摆脱了生存的绝境，难免会懈怠斗志，不思进取。史载，当越与吴为生存而战时，越兵“莫不怀心乐死”；而当为争霸而战时，渡河击敌则“军士苦之”，及退师时，则“军人悦乐”。说明越人具有以攻为守的族群意识。但在灭吴称霸后，尤其是迁都琅琊后，越王勾践却故步自封，将中原文明拒之门外。据《越绝书》载，孔子曾往谒见，欲为其述三皇五帝之道，勾践却以俗异为由辞谢之。[②] 在勾践死后，除了朱勾、翳、无疆外，越国基业几乎没有多少建树，宫廷内乱不绝。据《吕氏春秋》载：“齐庄子请攻越，问于和子，和子曰：‘……无攻越，越猛虎

① 朱志勇：《越文化精神论》，北京：人民出版社，2010 年，第 130 页。

② ［东汉］袁康、吴平著，张仲清译注：《越绝书》，北京：中华书局，2020 年，第 150 页。

也。’庄子曰：‘虽猛虎也，而今已死矣。’”曾一度让北方诸侯畏怖若“猛虎”的越，彼时已被看作“死虎”[①]。究其原因，主要是越国的精英阶层丧失了勇猛开拓、锐意进取的浩然正气。

2. 第二阶段（秦汉两晋时期）：断裂与转型

这是越地文化精神发生断裂与转型的时期。公元前222年，秦灭越，改大越为山阴，并设会稽郡。以此为标志，越地开始进入从单一的于越民族文化逐步向汉民族文化融合与转型的过程。由自然灾害、种族残杀等造成的强大生存压力得到了暂时消解，越文化精神的底色慢慢开始蜕变。

这个时期，由吴越争霸时期孕育出的“刚性”文化链条发生断裂。主要原因：一是文化主体“更换”，随着越人被强行向外迁徙和疏散，中原汉人不断迁入，越地文化主体即越地先民开始融入汉族大家庭，越族后裔逐渐被汉化。二是生态环境“更新”。140年，东汉会稽太守马臻筑鉴湖，使长期遭受洪水侵袭和咸潮浸渍的绍兴北部沼泽平原变成了万顷良田，

---

① ［战国］吕不韦：《吕氏春秋》，《传世藏书文库》24卷，西安：三秦出版社，1999年，第76页。

初步改变了稽北诸河奔流无羁的水文环境，展现出“山阴道上行，如在镜中游”的水乡美景，也有利于造就越地温和委婉的柔韧人格。而且，这个时期越地基本无战事，人们在秀美的自然环境中过着平和、自足的农耕生活，“尚武”的文化精神失去了土壤。王充对封建神学和世俗迷信的批判，从一定程度瓦解了支撑古越人“轻死易发”的精神根基。东汉灵帝末年，佛教传入会稽，使这里迅速成为南方佛教中心之一。佛教“戒杀生”“因果报应”“以德报怨”等教义及其独特的威摄力，极大地消解了古越文化精神的“尚武”品质。三是文化主题“更替”。秦汉以后，和平与发展成为越文化主题。牛耕和铁制农具等先进农耕技术传入越地，粮食产量不断提高。蚕桑业、麻纺业又重现生机，诸暨生丝被列为“御丝”，“越布”也是当时山阴县的重要贡品。青铜兵器铸造业转向了精美的铜镜铸造，山阴、会稽成为全国铜镜制造中心。以上虞小仙坛为代表的青瓷制造业开始兴盛，精美的青釉瓷器不仅成为贡品，还远销海外。“永嘉之乱”是越地历史上第一次民族大融合。以王（羲之）谢（安）家族为代表的一批名臣和文化名士南下越地，推进了中原文化在越地的传播和繁荣，使会稽成为东晋的文化中心，耕读传家渐成风气。

总之，由于生存“绝境”的消失，没有了战争的滋养，加之儒家、佛教文化的洗礼，越文化精神开始了从“尚武”向“尚智”转型，好勇斗狠、矢志复仇的“刚性”品质渐趋弱化，并逐步被温文尔雅、精明权变的“柔性”品质取代。

3. 第三阶段（隋唐明清时期）：发展与成熟

这是越地文化精神发展成熟并日趋稳定成形的时期。这个时期，唐朝的“安史之乱”、宋代的“靖康之难”，大量北方难民南迁，客观上为越地接受中原文化提供了良好契机。经过上述提到的三次民族大融合，转型之后的越文化精神得以发展成熟并稳定成形。这个时期，越地人在治水工程中，坚韧、顽强、开拓和进取等精神品质得到了升华。以“抗清复明”为主题的鲁王监国绍兴，使越地民众的集体抗争意识得到了复苏，彰显了英勇奋斗、壮烈殉国的“慷慨”品质。农业、手工业和商业的发展，强化了越文化的务实精神。王阳明创立心学，强化了越人的独立自主精神；徐渭、陈洪绶、张岱、刘宗周等对文学艺术的不懈追求，延续着越文化的创新精神。以工于心计、擅长计策而著称的“绍兴师爷”，则是传承弘扬越文化“尚智”精神的杰出代表。科举的推行、书院的勃兴，标志着越国时期以谋略为主的“尚智”精神开始转向教育。另外，佛教的繁荣更弱化了越人强悍刚烈的气质，增强了“隐忍”的精神品质。

4. 第四阶段（近现代时期）：觉醒与创新

鸦片战争以来，处在觉醒和创新状态的越地文化精神，开始了一系列的嬗变。以蔡元培为会长的光复会高擎“驱满复汉”的大旗，将绍兴作为其重要的活动策源地，标志着古越文化精神之“慷慨”品质在越地悄然复活。“辛亥三杰”（徐锡麟、秋瑾、陶成章）以鲜血和生命对“慷慨以复仇，隐忍以成事”的越文化精神品质，作出了自近代以来最为出色的诠释。新中国成立以来，尤其是在改革开放过程中，越文化精神进入了自觉而活跃的创新期。迈进新时代，开启新征程，绍兴审时度势，顺势而为，在引领绍兴人民从自发孕育“四千精神”到主动提炼“绍兴精神”的基础上，提出要秉承“胆剑精神”，以“敢为善为，图强争先”的奋斗姿态，为绍兴勇闯中国式现代化市域实践新路子赋能添力。

第五章 胆剑精神形成的思想基础

毛泽东同志指出:“真正的理论在世界上只有一种,就是从客观实际抽出来又在客观实际中得到了证明的理论。”[①] 任何一种文化精神的产生都不是空穴来风,它不仅需要具备特定主客观条件,还需要建立在一定的思想理论基础上,以“先驱传给它而它便由此出发的特定的思想材料作为前提”[②]。从胆剑精神形成的思想基础看,“八八战略”是胆剑精神形成的理论指南,“第二个结合”是胆剑精神形成的思想源泉,而习近平新时代中国特色社会主义思想则是胆剑精神形成的逻辑向度及方法论原则。

---

① 毛泽东:《整顿党的作风》,《毛泽东选集》第三卷,北京:人民出版社,1991 年,第 817 页。

② 中共中央马克思、恩格斯、列宁、斯大林著作编译局编译:《马克思恩格斯选集》第四卷,北京:人民出版社,1995 年,第 703—704 页。

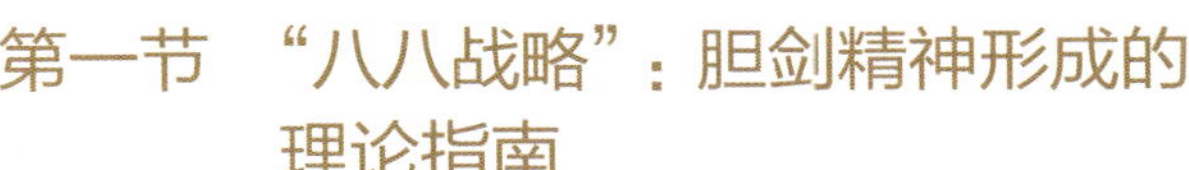

第一节 “八八战略”：胆剑精神形成的理论指南

“八八战略”是习近平总书记在主政浙江期间，立足于当时的浙江实际，注重扬长避短、取长补短，为浙江经济社会发展量身打造的顶层设计方案。2003 年 7 月，中共浙江省委举行第十一届四次全体（扩大）会议，时任浙江省委书记习近平同志在工作报告中提出了浙江面向未来发展的系统方案，即进一步发挥“八个方面的优势”，推进“八个方面的举措”，简称“八八战略”。他还把“四千精神”纳入浙江人文优势的内容，提出了浙江省文化建设和发展战略导向，即“进一步发挥浙江的人文优势，积极推进科教兴省、人才强省，加快建设文化大省”。“八八战略”指引浙江走出了一条改革创新、开放图强之路，也是习近平总书记指导绍兴谱写新时期“胆剑篇”的理论指南。

一、“八八战略”饱含深邃的马克思主义理论品格

恩格斯说:“一个民族要想站在科学的最高峰,就一刻也不能没有理论思维。”[①] “八八战略”是习近平同志坚持马克思主义的立场、观点、方法,在全面、深入调研的基础上,亲自擘画和推动实施的科学发展战略。这一发展战略“不仅为浙江未来发展明确了方位和目标,更重要的是使浙江4000多万人民提振了发展的信心。……‘八八战略’依然是指导浙江经济社会发展的总纲领、大战略和原动力”[②]。“八八战略”是习近平总书记留给浙江的一份“战略资产”,将永远铭刻在浙江的历史上,铭刻在浙江人民的心坎里。

欲行其之道,必先明其理。“八八战略”是习近平新时代中国特色社会主义思想形成的重要基石,

① 中共中央马克思、恩格斯、列宁、斯大林著作编译局编译:《马克思恩格斯全集》第三卷,北京:人民出版社,1971年,第467页。

② 周国富:《“‘干在实处、走在前列’是习书记个人品格的高度凝练”》,《习近平在浙江》(上),北京:中共中央党校出版社,2021年,第46页。

是21世纪马克思主义和当代中国马克思主义的鲜活内容。其科学理论意义集中体现在以下三个方面[①]：

1. 理论主题高瞻远瞩，气势恢宏，极具前瞻性

"八八战略"立足时代前沿，对浙江发展重大问题作出了超前预判。它敏锐洞察、准确把握浙江所处历史方位，对事关长远性、全局性的重大问题作出科学分析和深刻回答。"三个聚焦"体现了规律性、时代性、创造性的理论要求。(1)聚焦中央提出的"全面建设更高水平的小康社会"宏伟目标。浙江以小康社会建设和率先实现现代化为目标，提出并奋力推进"八八战略"的新部署新实践，勇于探索区域发展新道路、新方式，不负众望地走在了全国的前列。(2)聚焦跨越"中等收入陷阱"问题。习近平同志在浙江工作期间，正是浙江经济的腾飞期，也是社会结构的转型期和社会矛盾的凸显期。当时浙江人均GDP达到3400多美元，面临人均GDP3000美元后"中等收入陷阱"的挑战。浙江把"八八战略"作为应对之策，崇尚创新、注重协调、倡导绿色、厚植开

① 部分内容参考并引用《浙江日报》2017年6月26日相关文章。

放、推进共享，以科学的理念引领了浙江新的发展。(3) 聚焦“成长的烦恼”问题。21 世纪初，浙江率先遇到速度换挡期和发展瓶颈期，“成长的烦恼”频频出现。省委抓住宏观调控有利时机，利用“倒逼机制”，注重质量效益，在改善要素资源供给的同时，痛下决心、苦练内功，努力跑出转型升级加速度。

2. 理论构架系统全面，严谨精到，独具科学性

凡是理论往往都不局限于简单的命题，而有其基本概念、观点，有其内在的逻辑及体系。“八八战略”在系统研究浙江重大战略性问题中，在核心聚焦优势和短板问题的同时，充分考虑到了理论自身所具有的系统性、逻辑性、包容性等特点，内涵外延深刻全面，理论构架精要到位。(1) “八八战略”主要是发挥八个优势、实施八项举措，但覆盖经济、政治、文化、社会、生态建设等“五位一体”重点领域，涉及小康社会、深化改革、法治建设和从严治党等“四个全面”的关键内容。它把浙江的优势、劣势以及内部资源、外部环境结合起来作科学分析，与现代战略分析高度契合，切实找准了浙江发展的战略着力点。(2) “八八战略”提出了一系列新理念新观点新部署。比如，对转变粗放式经济增长方式提出了“腾笼换鸟、

凤凰涅槃”的思想，对创建生态省、打造“绿色浙江”提出了“绿水青山就是金山银山”的“两座山”思想，对推进城乡协调发展提出了“两种人”思想，对处理政府与市场关系充分阐述了“两只手”思想……这些观点既有通盘考虑，又直指要害，理念新、落点实，为浙江各方面工作提供了有力的行动指南。(3)“八八战略”谋篇布局大气磅礴，内涵博大精深。究其思维，体现了强烈的顶层设计意识、战略全局意识、与时俱进意识；究其视野，涵盖了古与今、山与海、内与外、省域与全局等宏大格局；究其功效，推动了浙江小康社会建设、体制改革、依法治国、从严治党等各方面新的发展。这对作为必须长期坚持的指导思想和重大战略提供了科学的理论品格保障。

3. 理论支撑顶天立地，根基厚实，颇具引领性

“八八战略”是在科学发展观的引领下，立足浙江实际，吸收了浙江丰富的人文历史营养，积淀了坚实的实践经验，得到了干部群众广泛认可。突出表现在：(1) 人文历史支撑。浙江历史上各种文化交汇融合，人文历史积淀深厚，有着知行合一、以知促行，崇尚事功、经世致用的优秀文化基因。作为中国革命的重要摇篮，“红船精神”首开中国革命精神之源，

充分展现了浙江人开天辟地、敢为人先的首创精神，坚定理想、百折不挠的奋斗精神，立党为公、忠诚为民的奉献精神。作为中国改革开放的前沿阵地，浙江大地上与时俱进地培育了“求真务实、诚信和谐、开放图强”的精神，这些都为“八八战略”注入了丰富的历史文化营养，有力促进了浙江改革开放和经济社会的发展。(2)社会实践支撑。“八八战略”确立以来，历届省委都是不遗余力地抓推进、抓落实。从十二届省委制定“创业富民、创新强省”，到十三届省委确立“物质富裕、精神富有”和“建设美丽浙江、创造美好生活”等决策部署，都凸显了“八八战略”的核心目标。“拆治归”转型升级系列组合拳、“五水共治”“最多跑一次”等系列改革举措都是围绕“八八战略”展开的。(3)人民力量支撑。“八八战略”是习近平同志深入市、县市区、机关、企业、农村、海岛、社区调查研究，在充分吸纳民意的基础上，提出来的引领浙江未来的战略蓝图，充分体现了以人民为中心的发展思想。因此，它能够真正契合民意、深入民心，得到最广大人民群众的衷心拥护和支持。

马克思指出，“理论一经掌握群众，也会变成物质力量。理论只要说服人，就能掌握群众；而理论只要彻底，就能说服人"[①]。在浙江的改革和发展实践中，正是由于习近平同志带头创立、形成并初步实践了"八八战略"，浙江的区域现代化建设才得以稳健地走在全国前列，给浙江人民乃至全国留下了宝贵的精神和物质财富。"八八战略"为习近平新时代中国特色社会主义思想的形成和发展提供了丰富的浙江素材。贯彻"八八战略"必须深刻领会和把握其蕴含的内在逻辑与真理力量，真正以理论上的清醒增强政治上的坚定性，不断续写贯彻"八八战略"的绚丽篇章。

二、"八八战略"为总结提炼胆剑精神提供理论遵循

"八八战略"是中国特色社会主义理论体系的种子在浙江这块丰厚的土壤上结出的硕果。它就像一把"金钥匙"，打开了浙江高质量发展的通道，是浙江人民特别值得珍惜的宝贵财富。就绍兴而言，"八八战略"不仅给绍兴带来了全方位、深层次、历史性的

① [德]卡尔·马克思：《〈黑格尔法哲学批判〉导言》，中共中央马克思、恩格斯、列宁、斯大林著作编译局编译：《马克思恩格斯选集》第一卷，北京：人民出版社，1972年，第9页。

发展变化，为绍兴打下了高质量发展的坚实基础、塑造了制胜未来的竞争优势，而且还在理论上为总结提炼胆剑精神提供了根本遵循。

首先，科学制定和实施“八八战略”为总结提炼胆剑精神提供了“新思维”。

习近平同志以宏阔的战略思维，察大势、识大局，运筹帷幄，立足于“三个聚焦”（一个目标、两个问题），亲自擘画“八八战略”，充分体现了他作为一个卓越领导人在重大谋划和决策过程中，善于敏锐、准确把握目标导向和问题导向。在目标导向上，“习书记到浙江以后……基于对浙江省情的了解提出了‘干在实处、走在前列’的新的工作坐标。走在前列是目标，干在实处是关键。这让大家耳目一新。‘干在实处、走在前列’是对改革开放以来浙江人民在创新创业中秉持的奋进精神的高度凝练，也是对今后工作的明确要求，极大提升了浙江干部群众的精气神”[①]。在忠实践行“八八战略”过程中，绍兴始终对标时代发展的基本趋向，对标科学发展观和省委

① 周国富：《“‘干在实处、走在前列’是习书记个人品格的高度凝练”》，《习近平在浙江》（上），北京：中共中央党校出版社，2021年，第45页。

对绍兴的要求，分析总结绍兴的特色、个性和优势，分析总结绍兴发展过程中的短板、不足和种种客观的约束条件，在更为全面认知绍兴实际基础上，勇于发挥优势，勇于创新创造。有鉴于此，中共绍兴市委五届三次全体（扩大）会议提出，要以科学发展观和省委“八八战略”为指导，以“坚持率先发展、实现富民强市”为主题，努力走出区域全面协调可持续发展的新路子，努力开创绍兴现代化建设的新局面。这是市委在新的形势下，审时度势作出的事关绍兴经济社会长远发展的重大决策。目标所向，使命必达。在“八八战略”指引下，广大干部群众更加自觉、更为坚定地将马克思主义理论适用于具体实践，将理论转变为思路，将理论成果转化为实践成效，从市域层面上为中国特色社会主义理论体系贡献了精彩纷呈的绍兴篇章。

其次，科学制定和实施“八八战略”为总结提炼胆剑精神提供了“新动能”。

一是，通过忠实践行“八八战略”，进一步厚植了“卧薪尝胆，百折不挠”的坚毅精神。面对国家宏观调控带来的暂时困难，2004 年 5 月，时任浙江省委书记的习近平同志“对绍兴再次强调要发扬‘胆剑精神’的要求。……他就是希望绍兴将历史与现实相结合，把这种精神作为落实科学发展观和‘八八战略’、推动绍兴率先发展、富民强市的强大动力……把绍兴人精明务实的性格与大气开放的气度结合起来，谱写新时期的‘胆剑篇’”[①]。习近平同志明确提出，要大力弘扬“卧薪尝胆”的坚毅精神，并把胆剑精神作为落实“八八战略”的强大动力。坚毅，是一种建立在自信心的基础上的“耐挫”性格和品质，表现为勇敢、顽强和忍耐，即在遇到困难时从容应对，从不叫苦畏难，而是知难而进；在受到挫折时从不气馁颓丧，而是跌倒再爬起，失败了再努力，接续奋斗再加力，风雨兼程再出发。这为绍兴总结提炼胆剑精神指明了切入点，抓住了关键点，成为绍兴城市精神最亮眼、最感人的人文特质。

二是，通过忠实践行“八八战略”，进一步厚植了“拼搏奋斗、奔竞不息”的图强精神。图强，就是勇于拼搏、奔竞不息，就是坚韧不拔、迎难而上，就是奋发进取、走在前列。对绍兴来说，“图强”作为胆剑精神

① 王永昌：《“习书记指导绍兴谱写新时期的‘胆剑篇’”》，《习近平在浙江》（上），北京：中共中央党校出版社，2021 年，第 235 页。

的主题和要义，宽广深邃，独炫异彩。它承载了越地文化的厚重积淀，彰显了当代核心价值的生命力，凝聚了转型跨越的强大动力。从大禹治水“毕功了溪”，越王允常开疆拓土、勾践卧薪尝胆、范蠡建城立廓，到秦始皇巡越刻石立碑，东汉马臻修筑鉴湖、贺循疏凿西兴运河，东晋谢安东山再起，隋越国公杨素修葺“罗城”，吴越王营建东府，范仲淹疏浚废井建“清白堂”，再到南宋高宗“绍祚中兴”，明汤绍恩建“三江闸”，姚启圣收复台湾，“辛亥三杰”东渡扶桑，蔡元培“兼容并包”……无不见证了绍兴人震古烁今、彪炳千秋的图强精神。逆水行舟，不进则退。一方面，改革开放以来，特别是在“八八战略”的指引下，绍兴推动经济社会发生了全方位、深层次、系统性的精彩蝶变，正是得益于全市广大干部群众大力弘扬“图强”精神。另一方面，通过忠实践行“八八战略”，进一步激发出广大干部群众奋发进取、走在前列的斗志。其间，广大干部群众进一步树立起忧患意识，始终保持谦虚谨慎、不骄不躁的作风，做到自豪而不自满、昂扬而不张扬、务实而不浮躁，兢慎干事，逆进顺取，勇毅前行。在前行中，不断增强勇立潮头的胆略，发扬“先人一步”“高人一招”的改革智慧，不断化挑战为机遇，转潜力为实力，变困境为佳境。当今时代，在推进中国式现代化建设新进程中，尤其需要保持昂扬向上、奋发图强的精神状态，认清目标不动摇，抓住机遇不放松，坚持发展不停步。

三是，通过忠实践行“八八战略”，进一步厚植了“敢想敢为，善作善成”的担当精神。担当，就是一事当前，勇挑重担、敢于负责，与一个人的责任感、价值观、良心、勇气和才干等因素密切相关。勇于担当是一种责任、一种精神，更是一种能力。有担当的人生才能尽显大气与豪迈，有担当的家庭才能拥有和谐与融洽，有担当的团队才能成就“经世之事业”，行稳而致远。对党员干部来说，担当既代表着“在其位谋其政”的履职尽责，也体现着“先天下之忧而忧，后天下之乐而乐”的广阔胸怀；既代表着“知其难为而为之”的执着信念，也体现着“明知山有虎，偏向虎山行”的无畏勇气。据时任中共绍兴市委书记的王永昌同志回忆，在2004年8月的一次调研中，习书记勉励绍兴要勇于担当，主动作为，一鼓作气，夯实发展根基，他“对我们提出了新的要求：‘希望你们步步为营地抓下去，因为落实科学发展观、贯彻‘八八战略’不是一天两天的事，也不是一年两年的事，是今后方向性的、长期的任务，必须不断夯实基础，不断深化发展'"[1]。在实施"八八战略"的过程中，全市干部群众的精神面貌大为改观，干事创业的主动性和责任感持续增强，积极履职尽责、主动担当作为在全市上下蔚然成风。无论领导干部还是普通群众，他们都越来越意识到，"在位担当、在岗尽责"是一种使命传承，是最基本的职业操守，"干部就要干事，当'官'就要担责"，要自觉把岗位职责、分内之事铭记于心，懂得该做什么、怎样去做。他们也越来越感受到，只有具备想干事之德、会干事之能、干成事之绩，一心扑在工作上，做到敢想敢说，敢作敢为，才能不辱使命，用实绩来书写奋发有为的人生篇章。

四是，通过忠实践行"八八战略"，进一步厚植了"勇于探索，创新创业"的革新精神。创新是第一动力、改革是关键一招、开放是必由之路，创新深化、改革攻坚、开放提升是谱写中国式现代化浙江篇章的三大关键变量。实施"八八战略"20年以来的实践证明，用广阔的视野，敏锐的分析力、洞察力和勇于

---

① 王永昌：《"习书记指导绍兴谱写新时期的'胆剑篇'"》，《习近平在浙江》（上），北京：中共中央党校出版社，2021年，第238页。

实践、敢为人先的探索精神，打破传统，开拓思维，创造性地开展工作，至关重要。习近平同志在主政浙江期间反复强调，实施“八八战略”要“谋在新处，干在实处”，敢于突破思想的保守性、思维的陈旧性、思路的局限性，用新观念、新思维研究新情况，用新举措、新办法解决新问题。据时任中共绍兴市委书记王永昌同志回忆，习近平同志在指导绍兴“转方式、调结构”过程中，一再强调“中央的决策要贯彻，在省里就具体化为‘八八战略’。省委的‘八八战略’要积极贯彻落实，要变为绍兴自己的东西”，他说“……靠自己，就必须有自主创新能力，必须有自力更生精神……不但要加快推进‘腾笼换鸟’，而且还要实现‘凤凰涅槃’……‘凤凰涅槃’更侧重创新”[①]。正是习近平同志这些创新思路和理念，有力地推动了绍兴乃至整个浙江经济爬坡过坎。可以说，习近平同志为浙江量身打造的“八八战略”，是引领绍兴乃至整个浙江创新发展的总纲领、总遵循，“与他在党的十八大以来提出的新理念新思想新战略是非常吻

① 王永昌：《“习书记指导绍兴谱写新时期的‘胆剑篇’”》，《习近平在浙江》（上），北京：中共中央党校出版社，2021 年，第 240 页。

合的”[①]。

五是，通过忠实践行“八八战略”，进一步厚植了“真抓实干、讲求实效”的务实精神。习近平同志在主政浙江时期“不仅讲话很接地气，在考虑问题、提出要求时也都非常务实，绝不说大话空话，绝不提不切实际的要求”[②]。而且，他反复强调，要“真心诚意地为人民群众办实事、做好事、解难事。要抓实做细事关群众切身利益的每项工作，努力办实每件事，赢得万人心”[③]。确实，自先秦以来的绍兴数千年文明史表明，尊重实际、注重实干、讲究实效，是绍兴人文精神的重要内容。《越绝书》里曾记载越王勾践与大夫范蠡的对话。当时，越王问是否可以攻吴。范蠡回答说，首先要审时度势，把握天地、日月、星辰、四时的变化，关注吴越两国实力的消长，顺势

---

① 吕祖善：《“习近平同志提出的‘八八战略’非常具有前瞻性”》，《习近平在浙江》（上），北京：中共中央党校出版社，2021 年，第 6 页。

② 厉志海：《“习书记提出欠发达地区要努力实现跨越式发展”》，《习近平在浙江》（上），北京：中共中央党校出版社，2021 年，第 230 页。

③ 习近平：《心无百姓莫为“官”》，《之江新语》，杭州：浙江人民出版社，2007 年，第 26 页。

而为，不可逆势而动。王充批判天人感应的神秘空洞的说教，强调实际“效验”，王阳明主张知行合一，反对“冥行妄行”或“悬空思索”，章学诚倡导“持世而救偏”，以及近代鲁迅的“孺子牛”精神，等等，都在思想上表现出“经世致用”“求真务实”的人文特质。“八八战略”的制定和实施，不仅有效地激活了这些人文精神元素，而且将它提升到更高层次，成为全市乃至全省区域发展战略的出发点，从而引导广大干部群众自觉从世情、国情、省情、市情出发，坚持以经济建设为中心，聚精会神搞建设，一心一意谋发展。20年来，在忠实践行“八八战略”过程中，绍兴始终坚持一切从实际出发，立足省情、市情，不迷信，不跟风。崇尚实干，讲求实效。对于符合绍兴发展的路子，无论外界有什么风吹草动，总是“不唯书，不唯上，只唯实”，坚定不移地走下去。面对指责，不争论、不抱怨；面对成绩，不炫耀、不张扬。对于探索中的尝试，总是少说多做，办事低调，对待不同所有制的企业，着眼于“三个有利于”标准；对于改革中出现的新事物，总是不重形式只重实效，只要能促进发展、提高效益就行。

最后，科学制定和实施“八八战略”为总结提炼胆剑精神提供了"新方法"。马克思主义之所以具有如此旺盛的生命力,是因为它具有一种超越于其他学说和思想的强大解释力。正如恩格斯指出的,"马克思的整个世界观不是教义而是方法,它提供的不是现成的教条,而是进一步研究的出发点和供这种研究使用的方法"①。"作为"八八战略"核心和精髓的聚焦优势与短板的这一套系统化的思想方法和工作方法,不仅促使绍兴"围绕发展优势做足文章,在补齐短板上狠下功夫",进而成为激励绍兴广大人民群众创新创业、攻坚克难的"金钥匙"。而且,更为重要的是,"八八战略"之所以能够彰显其历久弥新的生命力,就是因为它是在调查研究中孕育产生的,又是在调查研究中深化发展、贯彻落实的。"习近平总书记回到浙江来视察调研时就讲过,'八八战略'绝不是他一个人拍脑袋想出来的,是经过长时间调研,根

① [德] 弗里德里希·恩格斯:《恩格斯致威·桑巴特》,中共中央马克思、恩格斯、列宁、斯大林著作编译局编译:《马克思恩格斯选集》第四卷,北京:人民出版社,1995 年,第 741 页。

据浙江的优势条件提出来的。”[1]“习书记非常注重深入基层开展调查研究，他的战略谋划都来自于对基层实际情况的了解。”[2]“他经常说……领导干部要通过调查研究，向基层干部群众学习，了解掌握第一手的情况……作为一个地方的主要领导就应该像陈云同志说的那样，90% 的时间要用来调查研究，10% 的时间用来作决策。……他到浙江工作后……用 9 个月时间就跑了全省 90 个县市区当中的 69 个。”[3]

通过忠实践行“八八战略”，激发了绍兴广大干部群众大兴调查研究之风。在总结提炼胆剑精神过程中，为了摸清民情、集中民智、汇聚民意，从上到下都非常重视调查研究。市委宣传部、政研室、党史办、市社联等职能部门认真开展专题调研，历时将近一

① 厉志海：《“习书记提出欠发达地区要努力实现跨越式发展”》，《习近平在浙江》（上），北京：中共中央党校出版社，2021 年，第 230 页。

② 章猛进：《“习书记大量时间都在基层，和老百姓在一起”》，《习近平在浙江》（上），北京：中共中央党校出版社，2021 年，第 59 页。

③ 孙文友：《“习书记的‘八八战略’是在调研中逐渐形成并不断完善的”》，《习近平在浙江》（上），北京：中共中央党校出版社，2021 年，第 272 页。

年，先后召开了十多次专家组会议，经过充分酝酿、反复讨论，再进行综合性提炼。在各大媒体刊播征集启事等形式，广泛发动全市人民踊跃参与讨论与提炼。可以说，胆剑精神就是在习近平同志的感召下，紧紧围绕全市人民齐心协力搞建设、千方百计谋发展的生动实践来提炼的。

第二节 “第二个结合”：胆剑精神形成的思想源泉

习近平总书记强调：“马克思主义中国化时代化这个重大命题本身就决定，我们决不能抛弃马克思主义这个魂脉，决不能抛弃中华优秀传统文化这个根脉。坚守好这个魂和根，是理论创新的基础和前提。”他在庆祝中国共产党成立100周年大会上的重要讲话中，又提出了“两个结合”的重大论断，首次明确提出了把马克思主义基本原理同中华优秀传统文化相结合的问题，即“第二个结合”。由此，有效地激活了中华优秀传统文化的创造性，使其在21世纪的当代社会展现出跨越时空的强大生命力。

一、在主政浙江期间，习近平同志关于“第二个结合”思想的精髓要点

改革开放四十年以来的实践表明，只有不断深化对马克思主义中国化时代化历史经验、中华文明发展规律的认识，才能在更广阔的文化空间中充分运用中华优秀传统文化宝贵资源，探索面向未来的理论和制度创新。同样，作为绍兴城市人文精神的胆剑精神，它的形成也是这种“深化认识”的结果。虽然，在21世纪初，时任中共浙江省委书记的习近平同志还没有明确提出“第二个结合”，但是这种思想精髓已日渐显现。从他在谋划和治理浙江过程中有关中华民族精神、浙江精神等一系列论述来看，这种思想与他强调的“第二个结合”，是一脉相承、高度契合的。更难能可贵的是，这种思想，习近平同志已经“润物细无声”地融入其在浙江的施政谋略和治理实践之中。主要体现在：

1. 文化遗产是民族智慧的结晶。2006年6月10日，正值我国第一个“文化遗产日”，习近平同志专题调研浙江文化遗产保护工作。在参观正在修缮的文澜阁时，他强调，“保护和传承文化遗产是每个人

的事，要动员全社会共同传承保护好中华文化……‘文化遗产日’的设立凸显出文化遗产在国民经济和社会发展中的重要地位和作用。我们要借此机会，组织和开展一系列宣传活动，努力形成全社会共同参与文化遗产保护的良好氛围，进而更好地熟悉中华历史，传承中华文明，弘扬中华文化，不断激发民族自豪感和爱国热情”①。

2. 在实践中培养坚定的理想信念。习近平同志学养深厚，视野开阔，作报告经常即兴发挥、信手拈来，通过生动的故事把问题讲清讲透。他在鼓励大学生应该在实践中培养坚定的理想信念时讲道，宋人杨万里有一首登山诗："莫言下岭便无难，赚得行人错喜欢。政入万山围子里，一山放出一山拦。"他说，人生在世，就如登山。对大学生来说，既会有"春风得意马蹄疾"的喜悦和鼓舞，又会有"拔剑四顾心茫然"的焦虑和迷茫。关键是，要有一种信念来支撑自己、把握自己，增强自己的心理承受能力。习近平同志还以自己在延安农村插队时"揉面"为例，说明

---

① 杨建新：《"习书记主政那五年是浙江文化建设大步跨越迈入前列的五年"》，《习近平在浙江》（上），北京：中共中央党校出版社，2021年，第352页。

坚定信念要有“韧劲”。他说,“面粉加上水揉一下,然后一捏,很容易散开,但你继续揉,揉了千遍万遍后,它就再也不会散开,你给它拉长了,它也不会散架,反而变成了拉面,这是因为它有了韧性。人走上社会,就像面粉一样被社会不断地搓揉,刚开始可能会散架,但你信念坚定,受得了压力,越揉反而越韧,最后变得非常有韧性,再也不怕搓揉”[①]。又有一次,习近平同志在报告中讲到河南籍农民工李学生,在温州务工期间勇救儿童,献出了年轻的生命。他说,李学生见义勇为的表现不是偶然,是做人的理想和价值在关键时刻的表现。借此,他勉励青年学生把自己的理想内化为心灵的坚守和生活的航标,树立并实践高尚的理想信念,努力成为一个高尚的人。

3. 大力弘扬“浙商文化”和与时俱进的浙江精神。据浙江大学原党委书记张曦(时任浙江省委常委、省委秘书长)回忆,习近平同志非常重视文化对浙江发展的支撑和推动作用,认为“浙商文化”是浙商之魂,认为“浙商是在社会主义市场经济的大潮中

---

① 张曦:《“习近平同志既重视战略谋划又强调狠抓落实”》,《习近平在浙江》(上),北京:中共中央党校出版社,2021 年,第 145 页。

诞生并壮大起来的创业者和企业家群体。长期以来，浙商不仅创造了大量的物质财富，也形成了一种独特的‘浙商文化’。从文化渊源上看，‘浙商文化’传承于浙江深厚的文化底蕴。从实践基础看，‘浙商文化’形成于广大浙商的创造性实践，是支撑浙商开拓进取的精神动力”[①]。正是由于怀揣着对浙江深厚的文化情怀，2005 年，习近平同志组织力量，在原来总结提炼“自强不息、坚韧不拔、勇于创新、讲求实效”的浙江精神基础上，根据实践发展，进一步总结提炼“求真务实、诚信和谐、开放图强”的与时俱进的浙江精神，并在 2006 年 2 月 5 日的《浙江日报》上发表署名文章《与时俱进的浙江精神》，以此激励全省人民“干在实处，走在前列”。

4. 发扬浙江精神和“求是精神”。2006 年 9 月 27 日，习近平同志在浙江大学为师生作了“继承文化传统，弘扬浙江精神”主题报告。“在谈到浙江文化精神时，习近平同志深有感触地说：‘浙江的发展之所以取得如此辉煌的成就，取决于很多因素，最根

① 习近平：《“浙商文化”是浙商之魂》，《之江新语》，杭州：浙江人民出版社，2007 年，第 209 页。

本的还是人的因素，确切地说是文化的因素在起作用。浙江文化是引领和推动浙江发展的最深层次的原因’。”“源远流长的浙江文化是中华文明的重要组成部分，博大精深的浙江文化精神是浙江人永不褪色的‘精神名片’……浙江精神是在浙江这块丰厚土地上生长、发展起来的宝贵精神财富，是不同时期、不同领域的浙江人共同奋斗的结晶。作为浙江精神重要组成部分的‘求是精神’，是百余年来浙江大学办学理念的浓缩和凝炼，是浙大人‘以天下为己任、以真理为依归’崇高追求的高度概括。‘求是精神’不仅是浙江大学宝贵的精神财富，也是全省教育科技战线乃至全省人民的宝贵精神财富。在新的发展阶段，要继续发扬光大浙江精神和‘求是精神’。”[1]

5. 培养高尚的人文情怀。习近平同志在作专题报告时，不仅以精辟的理论阐述深入浅出、循循善诱，还通过讲中国故事、浙江传奇，娓娓道来、引人入胜。比如，2005 年 10 月在为高校师生作形势报告时，习近平同志用历史人物的故事勉励学生们要从年轻

① 张曦：《“习近平同志既重视战略谋划又强调狠抓落实”》，《习近平在浙江》（上），北京：中共中央党校出版社，2021 年，第 137 页。

时起培养一种人文情怀，把个人的发展与国家的前途命运紧密联系起来。他说，蔡元培先生是我国现代最卓越的教育家之一，曾两度担任北大校长，毕生倡导美育，主张文理沟通、“五育”并举。毛主席称其为“学界泰斗，人世楷模”。蔡元培心目中的培养目标，就是一种“大写的人”，一种全面发展的有着健全人格的人。他特别重视理想信念、价值观、责任感、人文精神的确立和培养，他在报告中特别强调，“虽然人生问题很复杂，但要害在于把握住最基本的东西。每个人的人生各有不同，但不同的人生，有一些基本的东西是每个人都需要认真把握的，比如理想信念、价值观、责任感、人文精神”[①]。

6. 赞扬创造精神、创新精神和开放精神。2005年，时任浙江省委书记的习近平同志在《之江新语》中写道：“浙商源起于浙江独特的文化基因，源起于对传统计划经济体制的突破，源起于浙江资源环境的约束。从这个意义上说，浙商也代表了浙江广大干部群众的创造精神、创新精神和开放精神。……

① 张曦：《“习近平同志既重视战略谋划又强调狠抓落实”》，《习近平在浙江》（上），北京：中共中央党校出版社，2021年，第144页。

浙商自草根中来，每一位浙商的成长都伴随着克难攻坚的拼搏，每一位浙商都有一部艰苦的创业史。”[1]他在《浙江文化研究工程成果文库总序》中又写道：“文化的力量，已经深深熔铸在民族的生命力、创造力和凝聚力之中。……千百年来，浙江人民积淀和传承了一个底蕴深厚的文化传统。这种文化传统的独特性，正在于它令人惊叹的富于创造力的智慧和力量。”[2]

二、以“第二个结合”思想指导绍兴总结提炼胆剑精神

绍兴提出总结提炼胆剑精神是在2004年。那一年，市委从初春开始讨论、酝酿到秋天正式确定、发布，历时大半年。这期间，一直得到时任浙江省委书记习近平同志的热忱支持和悉心指导。他在诸多场合作报告时讲述绍兴籍名士俊杰的励志故事，引用他们的箴言名句。在赴绍兴28次考察调研时，习

① 习近平：《不畏艰难向前走》，《之江新语》，杭州：浙江人民出版社，2007年，第144页。

② 马雪芹：《古越国兴衰变迁研究》，济南：齐鲁书社，2008年，第1—2页。

近平同志的谆谆嘱托颇具针对性和指导性。这些闪耀着“第二个结合”思想的真理之光，对当年绍兴总结和提炼胆剑精神，极具现实指导意义。

1. 注重发挥绍兴的历史文化优势。习近平总书记在主政浙江期间，对绍兴发展方向的指导是从文化开始谈起的。中共绍兴市委原书记王永昌同志深情地回忆说：“那时，我就感到，习书记很善于挖掘地区的历史文化价值，重视把绍兴当地的历史文化继承并发扬光大，让传统文化为新时期的发展服务。”[①] 2005 年 5 月 17 日，他专程来绍兴调研文化工作。考察途中，习近平同志对随行人员说：“在浙江省的这些城市中，绍兴建城最早，历史名人最多，毛主席就曾讲绍兴是‘鉴湖越台名士乡’。绍兴历史文化积淀十分深厚，可以说，绍兴是浙江的‘罗马’。”[②] 这不仅进一步廓清了绍兴的历史定位，也饱含着他对绍兴未来的期待。2009 年前后，他担任国家副主席后，有一次还对王永昌同志说：“中国传统文化历史悠久，

---

① 王永昌：《“习书记指导绍兴谱写新时期的‘胆剑篇’”》，《学习时报》，2021 年 3 月 15 日。

② 王永昌：《“习书记指导绍兴谱写新时期的‘胆剑篇’”》，《学习时报》，2021 年 3 月 15 日。

是世界文明中最璀璨的一颗明珠。……我们要将马克思主义与中国传统文化相结合，用马克思主义来引领和指导中国传统文化，将其发扬光大。”[①]

2. 倾情褒赞绍兴人“刚正坚贞、坚韧不拔”崇高品格。2005 年 10 月，时任浙江省委书记的习近平同志为浙大师生作形势报告。在报告中，习近平同志讲道：“在国家危难、大厦将倾之时，总有刚正坚贞的浙江人挺身而出，甚至不惜以身殉国：陆游‘位卑未敢忘忧国’；于谦‘要留清白在人间’；忠臣方孝孺不畏强权；名将戚继光勇抗倭寇；大儒刘宗周绝食殉国；张煌言抗清不屈；‘定海三总兵’葛云飞披甲上阵；更有‘鉴湖女侠’秋瑾‘夜夜龙泉壁上鸣’的诗句，激励了无数中华儿女以天下兴亡为己任；骨头最硬的鲁迅，没有丝毫的奴颜媚骨，对敌人‘一个都不宽恕’，对青年却‘俯首甘为孺子牛’。”[②] 在谈到

---

① 王永昌：《“习书记指导绍兴谱写新时期的‘胆剑篇’”》，《习近平在浙江》（上），北京：中共中央党校出版社，2021 年，第 251 页。

② 张曦：《“习近平同志既重视战略谋划又强调狠抓落实”》，《习近平在浙江》（上），北京：中共中央党校出版社，2021 年，第 142 页。

他在延安农村插队时与群众打交道的一些亲身感受："自己最深的一个人生体会就是，最难时最大的靠山是人民群众，一是不信邪，在你最需要时伸手援助；二是教你做人做事长见识，实事求是精神来自于群众，看干不看说；三是具有坚韧不拔、吃苦耐劳的精神，做事没有浮躁之心。"[①] 习近平同志提到的"刚正坚贞、坚韧不拔"以及"吃苦耐劳"的人生感悟，显然是对胆剑精神的具体化，也是对为人处世准则的最好注解。他在报告中列举的陆游、刘宗周、葛云飞、秋瑾、鲁迅都是绍兴人民的优秀儿女，都是绍兴极其宝贵的文化资源和文化家底，牵系着绍兴千百年的缕缕文脉，对后代产生显著的教育与激励作用。尤其是，他们刚正不阿、百折不挠、顽强拼搏的浩然正气，他们艰苦奋斗、敢作敢为、创新创业的人格力量，某种意义上正是代表了胆剑精神的本真和底色。

3. 竭力倡导"卧薪尝胆""不怕吃苦"精神，特别肯定"四千精神"。习近平同志非常强调人的精神状

---

① 张曦：《"习近平同志既重视战略谋划又强调狠抓落实"》，《习近平在浙江》（上），北京：中共中央党校出版社，2021年，第146页。

态的重要性，他说："'人是要有一点精神的'。良好的精神状态，能极大地激发人的智慧和潜能，产生巨大的力量，从而克难制胜，成就事业。……浙江改革开放二十多年走过的道路，就是一条在不断克服困难中前进的改革创新之路。"[①]2006 年 9 月 27 日，习近平同志在浙江大学作报告。在谈到"培养吃苦精神"时，他说，"浙江自古是卧薪尝胆之地，人文荟萃之乡，浙江人不怕吃苦。改革开放初期，浙江人就曾走遍千山万水、说尽千言万语、想尽千方百计、历经千辛万苦"。他还说自己也是苦出身，对浙江人不怕吃苦的精神感同身受。习近平同志直接点明了 2500 多年前发生在绍兴的越王勾践"卧薪尝胆"的历史典故，也道出了 20 世纪 80 年代肇始于柯桥区（原绍兴县）的"四千精神"。对"四千精神"，习近平同志还在《之江新语》中多次提到。他说："浙江之所以能够由一个陆域资源小省发展成为经济大省，正是由于以浙商为代表的浙江人民走遍千山万水、说尽千言万语、想尽千方百计、吃尽千辛万苦，正是由于历

① 习近平：《发展出题目，改革做文章》，《之江新语》，杭州：浙江人民出版社，2007 年，第 40 页。

届党委、政府尊重群众的首创精神，大力支持，放手发展。”[①]21世纪初，随着国家宏观调控政策紧缩，导致生产要素供求矛盾突出、经济运行压力遽增的情况下，他说，“在工作顺利的时候，保持良好的精神状态并不难，难的是在面对众多矛盾和问题时、遇到困难和挫折时，能够始终保持昂扬向上、奋发有为的精神状态”。他鼓励身边工作人员，“面对矛盾和困难，我们要有革命乐观主义的精神，要有大无畏的气概，要有克难攻坚的勇气，从战略上藐视矛盾和困难，在战术上重视矛盾和困难，千方百计化解矛盾，战胜困难”[②]。“越是在相对贫困的地区、越是在困难的地方、越是在矛盾和问题凸显的时候，越是需要各级领导干部和共产党员艰苦奋斗、身先士卒，始终与人民群众同甘苦、共命运，保持血肉联系。……看一个人的精神，不仅要看他在顺境时的状态，也要看他在逆境中的意志；看一个人的能力，不仅要看他在顺境基础

① 习近平：《不畏艰难向前走》，《之江新语》，杭州：浙江人民出版社，2007年，第144页。

② 习近平：《领导干部要有良好的精神状态》，《之江新语》，杭州：浙江人民出版社，2007年，第60页。

上的表现，也要看他在困境中的作为。”①

4. 大力倡导传承和弘扬大禹精神。非遗是文化符号和民族胎记，是整个人类文化多样性的根脉与源泉。讲好非遗故事，是一个从保护、挖掘到激活与融入的过程。时任浙江省委书记的习近平同志特别重视浙江的“申遗”工作。据浙江省人民政府参事杨

公祭大禹陵

大禹博物馆

建新（时任浙江省文化厅厅长）回忆，“2006 年 3 月，绍兴大禹陵祭典申报第一批国家级非物质文化遗产名录，也是全靠习书记的支持。当时首批国家级非遗项目已经初步确定，而绍兴的材料还没有上报到北京。情急之下，我带着绍兴文广局的负责同志在 3

① 习近平：《困境之中见精神》，《之江新语》，杭州：浙江人民出版社，2007 年，第 214 页。

月 20 日那天一大早就到省委办公楼门口‘堵住’习书记……第二天，习书记就给文化部部长写了信，信中写道：‘大禹精神是中华民族的精神财富，也是浙江精神的重要内涵’，希望文化部‘能够将大禹陵祭典活动补报为首批国家级非物质文化遗产代表作，使作为优秀历史文化遗产的大禹陵祭典活动和大禹精神得到更好的传承和弘扬’。因为这封信，大禹陵祭典活动得以列入首批国家级非遗名录。”[①]2005 年 5 月，习近平同志在绍兴调研时，专门就绍兴公祭大禹作过明确指示，据时任中共绍兴市委书记王永昌同志回忆，习近平同志“很坚定地说：‘大禹文化是中国优秀传统文化的重要组成部分，大禹故事家喻户晓，大禹精神是要世代传承弘扬的。……你们要年年祭大禹，要办好这个祭祀活动。……它(祭大禹)本身就是国家层面的，起点高、影响大、意义深。我们要继承中华民族的传统文化精神，要祭拜大禹这种科学治水的精神，祭拜他三过家门而不入的家国

① 杨建新：《“习书记主政那五年是浙江文化建设大步跨越迈入前列的五年”》，《习近平在浙江》（上），北京：中共中央党校出版社，2021 年，第 359 页。

情怀，发挥好大禹精神的现代意义’。”[①] 他特别提到的“大禹精神”，是以胆剑精神为内核的绍兴城市人文精神乃至中华民族精神谱系的“源头活水”。其基本内涵是：公而忘私、忧国忧民的奉献精神，艰苦奋斗、坚韧不拔的创业精神，尊重自然、因势利导的科学精神，克勤克俭、谨言慎行的律己精神，严明法度、公正执法的治法精神。

5. 谱写新时期的“胆剑篇”。在2003—2005年，时任浙江省委书记的习近平同志曾多次勉励绍兴要努力谱写新时期的“胆剑篇”。他说，“我们弘扬越王勾践卧薪尝胆、‘十年生聚，十年教训’的精神，就是要围绕全面建设小康社会、提前基本实现现代化的目标，卧薪尝胆，艰苦奋斗，努力谱写新时期的‘胆剑篇’”[②]。

---

① 王永昌：《“习书记指导绍兴谱写新时期的‘胆剑篇’”》，《学习时报》，2021年3月15日。

② 王永昌：《“习书记指导绍兴谱写新时期的‘胆剑篇’”》，《习近平在浙江》（上），北京：中共中央党校出版社，2021年，第234页。

第三节 “习近平科学思维方法”：胆剑精神形成的逻辑向度

工欲善其事，必先利其器。逻辑向度即方法论，是指人们用什么样的方式、方法来观察事物和处理问题，主要解决“怎么办”的问题。党的十八大以来，习近平总书记科学运用辩证唯物主义和历史唯物主义的世界观和方法论，在继承中国共产党人思想方法和思维方式的基础上，开辟了掌握和运用科学思想方法和思维方式的新境界。如果认真研读《之江新语》，就可以看出，早在他担任浙江省委书记期间，就倡导和运用颇具真知灼见的科学思维方法。这些思维方法鞭辟入里、入木三分，是推动绍兴总结提炼胆剑精神的逻辑向度。

一、习近平科学思维方法举要

习近平总书记多次强调要加强学习、改善心智模式，以科学思维方法确保各项改革顺利推进，防止出

现“新办法不会用,老办法不管用,硬办法不敢用,软办法不顶用”的情况。这些科学思维方法主要包括:

1. 辩证思维方法

唯物辩证法是马克思主义哲学的灵魂。习近平同志非常重视运用辩证思维,他反复强调,“改革也要辨证施治,既要养血润燥、化瘀行血,又要固本培元、壮筋续骨,使各项改革发挥最大效能”。“‘稳’也好,‘改’也好,是辩证统一、互为条件的。一静一动,静要有定力,动要有秩序,关键是要把握好这两者之间的度。”这就告诉我们,一要辩证看问题。既要看到自身的优势,也要看到面临的困难和问题;既要看到发展的机遇,也要看到存在的风险与挑战。在此基础上,扬长避短、化危为机,发掘自身的比较优势。二要找准重点、抓住关键,在关键点和症结点上出实招、出妙招。三要在科学把握本地区、本部门、本单位与外界的联系中谋划发展,在深刻理解各个行业、各种要素间联系的基础上制定发展战略。四要在继承与创造的有机统一中谋划发展,多添砖加瓦而少另起炉灶。要多干打基础、管长远的事。

2. 系统思维方法

习近平总书记反复强调,深化改革必须坚持和运用系统思维。他指出:“进一步深化改革,必须更加注重改革的系统性、整体性、协同性,统筹推进重要领域和关键环节改革。”“改革开放是个系统工程,必须坚持全面改革,在各项改革协同配合中推进。”“全面深化改革是一项复杂的系统工程,需要加强顶层设计和整体谋划,加强各项改革关联性、系统性、可行性研究。”这就告诉我们,一要注重改革措施整体效果,聚合各项改革协调推进的正能量。对涉及面广的改革,应在基本确定主要改革举措基础上,深入研究各领域改革的关联性和各项改革举措的耦合性,同时推进配套改革,使各项改革举措在政策取向上相互配合、实施过程中相互促进、实际成效上相得益彰。二要注意区分层次、分类指导。既要有顶层设计和总体目标,也要有具体的任务分解,做到“立治有体、施治有序”,避免零敲碎打、碎片化修补。三要把握好力度与节奏,既要有雷厉风行的作风,也要有闲庭信步的定力。加强不同时期改革的配套和衔接,防止单兵突进、顾此失彼。

3. 战略思维方法

战略思维是高瞻远瞩、统揽全局、善于把握事物发展总体趋势和方向的思维方法。早在 2003 年任浙江省委书记时，习近平就在《浙江日报》上发表文章指出："要有世界眼光和战略思维"，"各级党政'一把手'要站在战略的高度，善于从政治上认识和判断形势，观察和处理问题……要努力增强总揽全局的能力，放眼全局谋一域，把握形势谋大事……用战略思维去观察当今时代，洞悉当代中国……"

这就告诉我们，一要有大局意识，树立正确的政绩观和价值观。多思考改革发展的大问题，少琢磨个人的功名利禄；要有以身托天下的担当，将个人的荣辱排除在事业的成败之外。二要有机遇意识。在机遇窗口开启时牢牢把握住机遇，在机遇出现之前，要坚持自强不息、艰苦探索、超前谋划，让工作富有前瞻性和预见性。三要找出影响全局发展的主要因素、关键变量和薄弱环节，据此确定战略布局、主攻方向和工作的着力点，确保战略方案能够落地。

4. 历史思维方法

历史思维是把现实放在历史的大背景中，体现为对历史的尊重，把现实置于过去、现在、未来的历史发展过程中思考问题。习近平同志多次指出，历史是"智者""最好的老师""最好的清醒剂""中国革命历史是最好的营养剂""历史是最好的教科书"

等。他强调指出,“历史记述了前人的成功和失败,重视、研究、借鉴历史,了解历史上治乱兴衰规律,可以给我们带来很多了解昨天、把握今天、开创明天的启示”,“历史、现实、未来是相通的。历史是过去的现实,现实是未来的历史”。这就告诉我们,一要坚持用唯物史观正确认识历史,从历史演进中把握规律,明确社会发展的趋势和方向。二要坚持把历史、现实、未来贯通起来,不断借鉴吸收历史中的经验和教训。三要以史为鉴、鉴往知来,从历史智慧中汲取充沛的精神营养,增强勇气和力量。

5. 底线思维方法

底线是不可逾越的警戒线、是事物质变的临界点。习近平同志十分重视底线思维。他多次强调:“要善于运用底线思维的方法,凡事从坏处准备,努力争取最好的结果,做到有备无患、遇事不慌、牢牢把握主动权。”“要继续按照守住底线、突出重点、完善制度、引导舆论的思路……切实做好改善民生各项工作。”这就告诉我们,一要有忧患意识。宁可把形势想得更复杂一点,把挑战看得更严峻一些,做好应付最坏局面的思想准备。二要有短板意识。正确处理好亮点、成绩与安全阀、稳压器和保险杠的关系,防止一着不慎而导致满盘皆输。三要有边界意识。对法纪制度要时刻怀有敬畏之心，做到不越边界、不踩红线、不碰高压线。四要有小节意识。做到时刻自厉自省，处处防微杜渐。

6. 精准思维方法

精准思维要求具体和准确，要求动作精准到位。习近平同志强调指出："要从细节处着手，养成习惯。如果对工作、对事业仅仅满足于一般化、满足于过得去，眉毛胡子一把抓，那么问题就会被掩盖。"党的十八大以来，以习近平同志为核心的党中央抓"八项规定"落实，如严禁过节送礼、中秋节送月饼等，都是精准思维的体现。这就告诉我们，一要有问题意识。在具体问题的症结点和关键点上做文章、出实招。二要有实操意识。善于从实际情况出发、从可行性出发，不能满足于提些一般性的原则要求，要对关键点上的动作有十分具体的规定。三要有到位意识。坚决摒弃原来那种"不拘小节"的思维陋习，在每一个细节处严格标准、严格程序，认认真真把工作做细做实做到位。

二、习近平思维方法为总结提炼胆剑精神把脉定向

习近平思维方法是一个有机整体。深刻领悟习近平科学的思维方法在浙江的探索与实践，就会真切感悟到其中真理的味道、理论的味道、实践的味道。“八八战略”是习近平科学思维方法的集中体现和经典范例，充分彰显了他善于把握规律、谋篇布局、破难担当的思想魅力与实践伟力。

习近平同志亲自擘画的“八八战略”既部署了“过河”的任务，又指导解决了“桥或船”的问题，既深刻阐释了“做什么”，也明确指出了应该“怎么想”“怎么做”。这些思维方法作为干事创业的指路明灯，也为绍兴总结提炼胆剑精神起到了把脉定向作用。

1. 深学践悟辩证思维方法，突出胆剑精神的多维性。胆剑精神是绍兴城市文脉的灵魂，是其历史积淀、文明素养、人文品质、道德理想、价值理念的综合反映。它内含着丰富的价值意蕴和道德精髓，具有多维的文化基因，成为绍兴城市形象塑造的精神要素所在。胆剑精神不是虚无缥缈的，而是体现在绍兴城市的每一座高楼、每一条街道、每一个窗口、每一张笑

脸。这些日常生活元素是城市精神孕育、生长的土壤，折射出绍兴市民的精神追求和文化品位。

2. 深学践悟系统思维方法，突出胆剑精神的融通性。胆剑精神是各种构成要素以及市民整体素质的融会贯通、有机耦合，而不是某些要素的简单相加。它与绍兴城市本身和谐统一、相辅相成，从而达到“形神合一”的境界，取得“相得益彰”的效果，进而体现出绍兴城市文化元素及其胆剑精神的多维性。胆剑精神不仅代表着绍兴大多数城市市民在这个城市空间范围内所信奉、所追求的理想、信仰和追求，而且渗透于绍兴城市文化的“硬件”和“软件”之中，对提升绍兴城市综合竞争力起到关键作用。

3. 深学践悟战略思维方法，突出胆剑精神的前瞻性。提炼胆剑精神要有广阔视野，关注绍兴的城市定位等自身因素，考虑长三角乃至全国的战略布局、环境走势、文化走向等。不仅要与社会主流价值相契合，激励绍兴市民奋发向上，而且要体现目标感，即比现有的精神状态有明显的提升，留出可以追求和努力的空间。要见微知著、未雨绸缪，把工作预案准备得更充分、更周详，做到心中有数、处变不惊。

4. 深学践悟历史思维方法，突出胆剑精神的传承性。“观今宜鉴古，无古不成今。”胆剑精神镌刻着绍兴的精神品格和历史渊源，是绍兴这座城市历史的回眸、文化的传承、传统的弘扬。它承接历史，照应时代，指向未来。提炼胆剑精神，就是要准确地诠释绍兴城市市民的价值认同，既要浓缩绍兴传统之根，又展现绍兴当今之美，更昭示绍兴前进之向。

5. 深学践悟底线思维方法，突出胆剑精神的本原性。底线思维能力的实质，就是客观地设定最低目标，立足最低点，争取最大期望值。胆剑精神主要是通过城市的“软件”来彰显，而“软件”的本原就是绍兴市民。他们的性格与气质、素养与境界直接决定绍兴城市风貌、气质和品位。提炼胆剑精神，就是要深度挖掘绍兴市民最基本的精神内核，在提高生活水平的基础上，引导他们养成文明、健康、科学的生活方式，让他们生活得更舒适、更融洽、更有尊严。

6. 深学践悟精准思维方法，突出胆剑精神的独特性。胆剑精神是绍兴区别于其他城市的“DNA”。提炼胆剑精神就是为绍兴画一个独具匠心的简笔画。不必面面俱到，而是选择绍兴最具特点、最有代表性的精髓要素，从方方面面、形形色色的具象中，抽取绍兴这座城市的灵魂、个性和特色，强化胆剑精神内涵的厚重感。胆剑精神表述语要精练雅致，通俗易懂、简明易记，富有针对性和个性化。既内涵丰富，又语言精美，既传承历史文脉，又凸显与时俱进。

综上所述，正是得益于我们坚定不移地根植于中华民族传统文化的沃土，忠实践行习近平总书记亲自擘画的“八八战略”，并从“第二个结合”的思想精髓和习近平思维的智慧宝库中汲取文化精神的营养，才得以在广开言路、集思广益的基础上，总结提炼出胆剑精神，成为绍兴独具特质的精神品格和推动经济社会发展的不竭动力。

第六章　胆剑精神形成的文化蕴涵

文化发生学理论认为，文化是从人的心灵和最常态化的生活中“生长”出来的。在德语和英语中，文化的本义与“农业”有着天然的关联，是指“种植”“培养”。一种文化的生长和延续不是一蹴而就的、暂时的，而是平波缓进的、持久的。但是，当它一旦成熟和定型，其凝聚力和推动力是不可估量的。从归根到底的意义上，文化决定着一个地域社会发展的面貌和方向，也决定着它的潜力和品质。

胆剑精神的形成既有时代背景、历史逻辑，也离不开文化的洗礼、精神的浸润。这是一个历史发展的连续过程，而不是一个断裂或分离的过程。这种实践上的接续性和完整性，决定了不同阶段所产生的文化精神具有强大的传承性。

第一节 胆剑精神的原创基点及其文化基因

古越文化是具有丰厚积淀的基因文化，是贯穿绍兴悠久历史的文明根基和精神印记。从古越文化的演进轨迹看，“大致可以分为三个阶段：一是先越文化阶段，即旧石器时代末到新石器时代的以绍兴会稽为中心的历史文化，并沿着海岸向南向北发展，沿着长江水系向西、西南、西北发展。二是中越文化阶段，这是长江下游文明时代的开始阶段，以4000多年前大禹在绍兴会稽召集诸国大会、以先越文化中最先进的‘越’部落为基础建立‘夏后之国’为标志。三是后越文化阶段，即春秋时代的越文化”[1]。

作为越地文化精神的内核，胆剑精神也有其“最基本的精神个性”，即古越族人的原创基点及其文化

① 杜亮、黄胜平：《吴越文化的历史轨迹与当代意义》，《人民日报》，2009年12月25日，第7版。

基因。

一、河姆渡文化：胆剑精神的原创基点

文化的本质是一种精神承载。从现代绍兴文化力的构成要素看,古越文化的前身是河姆渡文化。河姆渡文化不仅是中华民族文化的发祥地之一,更是胆剑精神的原创基点。

河姆渡遗址主要分布在杭州湾南岸的宁绍平原及舟山岛。经过考古发掘,该遗址出土了极为丰富的文化遗存。

1. 河姆渡人创造了丰富多彩的生活文化。河姆渡遗址的出土文物中包括无数的植物遗存和动物遗骸。可见,当时的河姆渡人吃食已较为丰富。他们的生活用器以陶器为主,并有少量木器,以及大量的纺织工具,包括制作精美的骨针,表明当时河姆渡人已开始缝制衣物。遗址还出土了刻有精细花纹的骨笄(女性头上饰品)以及石球、陶制玩具以及玉珠等,表明河姆渡人已具有较高的审美取向。

2. 河姆渡人创造了匠心独运的原始艺术。河姆渡遗址发现的原始艺术品有两类:一类是独立存在的纯艺术品;另一类是施刻于器表之上、集实用和观赏

于一体的装饰艺术。其中,最著名的是形似鸟窝的“双鸟朝阳”纹象牙雕刻蝶形器。该蝶形器正中阴刻5个同心圆,中间是一个圆圆的太阳,其上部刻有火焰纹,犹如光芒四射;太阳两侧各有一只鸟头伸出,圆眼,翘嘴,抬头仰望天空。画面布局严谨,线条虚实结合,图画寓意深刻,体现了先民对太阳和鸟的崇拜。河姆渡遗址中还出土了骨哨等骨制乐器。也许,当时的越地先民用骨哨模仿动物的声音,以吸引其他动物的到

河姆渡遗址出土的蝶形器

来,然后捕杀。或者,用它吹奏音乐,作为闲暇时的娱乐活动,展现了河姆渡人的精神文化追求。

3. 河姆渡人创造了颇具特色的农耕文化。河姆渡人的农具主要是骨器,大多是精心磨制而成。一些有柄骨匕、骨笄上雕刻花纹或双头连体鸟纹图案,

就像是精美绝伦的实用工艺品。他们以种植水稻为主,兼营畜牧、采集和渔猎。遗址还出土了大量农具骨耜,其功能类似后世的铲,是翻土农具。此外,遗址还出土了六只船桨,与现在宁绍平原农村使用的小型船桨相似,桨柄上还刻有横线和斜线交叉的纹饰。也许,当时的越地先民经常驾着小船在水中捕鱼。这表明,当时的原始农业已从单一的攫取式转向生产式。

4. 河姆渡人创造了独树一帜的居住空间。在河姆渡村落遗址中,有许多房屋建筑基址。由于该地是属于河岸沼泽区,房屋主要是栽桩架板高于地面的"干栏式"建筑。与同时期中原及长江中游地区的"半地穴"房屋,有着明显差别。这种建筑由木桩、地板、柱、梁、枋等构成,有些构件上带有榫头和卯口,说明河姆渡人已具有较高智商。如果将河姆渡的干栏式建筑遗存和印山越国王陵的墓葬遗存相比,可以看出古越国文化和河姆渡先民的渊源关系。

总之,史前时期的河姆渡人,在生产生活等方面都留下卓尔不群的文化创造,为源远流长的古越文化植入了内在的遗传基因和文化密码,构成了胆剑精神的原创性起点。

二、文化人类学视域下古越族人的遗传基因

“一种地域文化面貌特征之形成，取决于其生存地域环境的特殊性，及其与外域文化交流的错综态势两大要素，而前者则更具决定的意义。”[①] 就是说，探究一种地域文化只有置于宏阔的文化背景下，在充分考察其历时发生和共时形成的关系中，既发现独创性又承认互通性，既展现特色性又尊重差异性的基础上“寻找人类文化共通的价值取向和精神维度，通过微观的、本土的、区域的层面反拨宏观层面上的发展趋势”[②]，才是科学的、有价值的。为此，审视古越文化，阐释其独特内涵、生成逻辑及其演进规律，可以为古越优秀传统文化的创造性转化、创新性发展提供厚实的理论支撑。

据历史文献记载，越族是一个僻居东南沿海一隅的古老部族。他们生活在约公元前 2015 年到前 110 年。最有代表性的，是会稽（今绍兴）及其周边地区的越人族群团体“于越”。据《史记·越王勾践

---

① 顾琅川：《越地环境与越文化复杂内涵之生成》，《绍兴文理学院学报（哲学社会科学）》，2006 年第 1 期。

② 何青志：《地域文化研究的全球化视野》，《浙江社会科学》，2008 年第 4 期。

世家》之“正义”引《舆地志》云:“越侯传国三十余叶……有越侯夫谭,子曰允常,拓地始大,称王,春秋贬为子,号曰于越。”这里所说的“于越”,即允常、勾践建立的越国,其都城在会稽及其周边地区。春秋末期,越国曾为“五霸”之一。其疆域东至大海,西与楚为邻,北和宋鲁为界。这是越国历史上最为辉煌的时期。

但是,即便跻身于“春秋五霸”的勾践时代,越族始终面临着“内忧与外患并存”的险恶环境,不得不将“谋求种族生存”作为头等大事。诚如鲁迅所说的:“……一要生存,二要温饱,三要发展。苟有阻碍这前途者,无论是古是今,是人是鬼……全都踏倒他。”[1] 传承与弘扬传统文化,以有助于本民族的生存、温饱和发展为前提。

就越族而言,“内忧”是生存环境极其恶劣。越地濒江临海,全境多为草泽丘陵。山洪、潮汐与出没于林莽、湖泽间的虫蛇兽类,相继侵害。越人“文身断发,以避蛟龙之害”[2]。而且,此地气温高、湿度

① 鲁迅:《鲁迅全集》第3卷,北京:人民文学出版社,2005年,第47页。

② [东汉]班固:《汉书》,《传世藏书文库》第6卷,西安:三秦出版社,1999年,第269页。

大,瘟疫横行,诚如司马迁所云:"江南卑湿,丈夫多夭。"[①] 为奉祀禹祠,夏朝的第六代天子姒少康封其庶子无余到越地,其时这里是一片殊域蛮方的荒服之地。"余始受封,人民山居,虽有鸟田之利,租贡才给宗庙祭祀之费。乃复随陵陆而耕种,或逐禽兽而给食。"[②] 可见,当时越地尚处于狩猎与迁徙农业相混并存的生产方式。"鸟田"是鸟群啄食野地苹草,在中原人看来,越地是未曾开化的夷狄之邦。直到越王勾践时期,也未有明显改观,仍有"东垂海滨,夷狄文身"[③] 之说。

当时,越族的"外患"就是指地处其北部且国力日趋强盛的吴国,已严重地威胁着越国的生存。"夫吴之与越也,仇雠敌战之国也。三江环之,民无所移,有吴则无越,有越则无吴,将不可改于是矣。"[④] 吴越

---

①[西汉]司马迁:《史记》(九),北京:中华书局,2010年,第7598页。

②[东汉]赵晔:《吴越春秋》,北京:中华书局,2019年,第155—156页。

③[东汉]袁康、吴平著,张仲清译注:《越绝书》,北京:中华书局,2020年,第5页。

④[春秋]左丘明:《国语》,北京:中华书局,2021年,第705页。

两国之间既不能相容并存，也难以规避退让，处在不共戴天、你死我活的对峙状态。从当时吴越的国力以及几次争战的战况来看，其总体局势是吴强越弱。吴王阖闾以伍子胥、孙武为将，战胜攻取，称霸诸侯。其子夫差继立后，国力更强，军势更盛。夫椒一战，几乎将孱弱的越国推到了亡国灭族的边缘。

显然，“险恶的自然环境，强国压境的地理位置，迫使越人将谋求种族生存置于至高无上的地位”[1]。在如此特殊严峻的外部环境中，古越族本身内蕴的带有精神文化品格特征的一些文化基因，便在越国实施“十年生聚，十年教训”的国策中应运而生，磨砺而出。这些文化基因包括：

1. 强悍勇猛、好剑轻死的蛮野习性

从外表看，“断发文身”是古越初民重要的生活习俗。《墨子·公孟》云：“越王勾践，剪发文身”；《史记·赵世家》曰：“越王勾践……文身断发”；《礼记·王制》载：“东方曰夷，被发文身”；《庄子·逍遥》云：“越人断发文身。”根据绍兴出土的青铜鸠杖下的人像

① 顾琅川：《古越文化精神研究》，《绍兴文理学院学报（哲学社会科学）》，2004年第5期。

推断，“断发”是将额前及两鬓头发剪短，披散于前，头顶或脑后为“椎髻”，或剪短后全部披散于后。“断发”是由古越的生存环境造成的。古越为水乡泽国，须缘水求鱼，为方便下水捕捉鱼虾而为之。文身与图腾崇拜有关。古越地处东南沿海，水乡泽国，以渔猎为生，故图腾多为水族。《史记》应邵注曰：“越人常在水中，故断其发，文其身，以象龙子，不见伤害。”这里，“龙”的原形可能是鳄鱼或巨蜥、水蛇等水上动物的神化。他们刻肤文身，涂以颜色。为保持醒目和永久，一般以黑色为主。文身目的，一是为像其纹、似其形的方式来祈其福、受其祉；二是作为增强血亲观念和团聚部众的手段，从绍兴县出土的有关文物看，古越人几乎裸体，且全身刻纹。

这些“断发文身”的远古越族人天生就有一种桀骜不驯、顽强不屈的原始野性。“水行而山处，以船为车，以楫为马，往若飘然，去则难从，锐兵任死。”[①]在漫长的历史迁衍中，这种强悍好斗的蛮野习性逐渐形成一种好剑善斗的地域风气。史籍载：“吴越之君

①［东汉］赵晔：《吴越春秋》，北京：中华书局，2019年，第286页。

皆尚勇，故其民至今好用剑，轻死易发。”[1] 越人好剑，多产名剑，剑在古越民族生活中占有特殊地位。《越绝书》以富于神话色彩的笔调，展现出越地名匠欧冶子铸剑的场景：“赤堇之山破而出锡；若耶之溪涸而出铜，雨师洒扫，雷公击鼓；蛟龙捧炉，天帝装炭……”[2]《吴越春秋》也有一则记越女论剑，渲染剑道“杳之若日，偏如腾兔。追形逐影，光若仿佛”[3] 的神幻莫测。这些描述，反映出古越民族的原始剑崇拜观念。吴越争霸时代，在越国“兴越灭吴、称霸中原”的大政方针统摄下，这种原生态的“剑崇拜”，被赋予自强不息、百折不挠的精神意蕴。

这种精神薪火相传，成为越人临难不苟、勇于担当的精神追求。在绍兴，无论是宋明两朝晚期异族入主中原之际，还是清末民初革命起事之时，一大批仁人志士“捐躯赴国难，视死忽如归”，便是高扬这种

---

①［东汉］班固：《汉书》，《传世藏书文库》第 6 卷，西安：三秦出版社，1999 年，第 258 页。

②［东汉］袁康、吴平著，张仲清译注：《越绝书》，北京：中华书局，2020 年，第 207 页。

③［东汉］赵晔：《吴越春秋》，北京：中华书局，2019 年，第 241 页。

文化精神的结果。从秋瑾的“夜夜龙泉壁上鸣”，直到鲁迅的以“夏剑生”自号，并以《越绝书》等越地古籍文献提供的材料，写成以复仇为主题的小说名篇《铸剑》，都是古越剑崇拜精神的流风余韵。

2. 外柔内刚、勠力同心的复仇意识

公元前 494 年，越王勾践兵败夫椒后，也曾产生过“杀妻子，燔宝器，触战以死”[①] 的念头，但立即被文种等大臣劝止。在万般无奈之下，勾践采用群臣之计，向吴屈辱求和，并答应入吴为奴。临行，面对前程未卜、生离死别的饯行场面，勾践或仰天叹息，或举杯垂泪，这也是人之常情。但真正可贵之处，是这位深谋远虑的政治家，临危不惧，从容淡定，与群臣一起制定策略、委以国事，表现出他忍辱负重、处危自若、闻死不惊的非凡意志和胆略。更值得称道的是，勾践入吴为奴后，内怀怨毒之心而深藏不露，外执美词之说而示顺示忠，屈尊受辱三年，终于博取吴王的欢心和信任。被放归越国后，勾践时刻铭记这段痛苦的经历，“苦身焦思，置胆于坐，坐卧即尝胆，

① ［西汉］司马迁：《史记》（四），北京：中华书局，2010 年，第 3230 页。

饮食亦尝胆也"[①]。他白天奋笔疾书，总结经验教训，晚上诵读典籍，学习各种知识，常常通宵达旦，夜以继日，"目卧则攻之以蓼，足寒则渍之以水；冬常抱冰，夏还握火"[②]。半夜，想到亡国的耻辱，就暗自啜泣，仰天长啸。他还"出不甘奢，人不敢侈""食不重味，衣不重采"。勾践焦身苦思、愁心苦志的躬行践履，源自他忍辱图强、隐忍成事、以屈求伸的鸿鹄之志。当然，这也是他攻坚克难、超越自我、发愤图强的精神支撑和内在动力。

另外，为了完成覆灭强吴、复仇雪耻的宏伟夙愿，越国上下"主思臣谋，同仇敌忾"。在越国政局基本稳定之后，勾践便率先垂范，"厚遇宾客"，与谋臣们一起商讨富民强国之道。当报仇心切的勾践因"五年未闻敢死之士、雪耻之臣"而失去等待耐心，以致暴怒地责备群臣时，大夫计然敢于站出来直言勾践"虽已得士而不能使士"的尖锐批评。勾践虽不悦，但还是礼贤下士，单独召见计然，耐心地向他求计问

① [西汉]司马迁：《史记》(四)，北京：中华书局，2010年，第3234页。

② [东汉]赵晔：《吴越春秋》，北京：中华书局，2019年，第209页。

策。总之，在"兴越、复仇、称霸"的大政方针统领下，作为国君，勾践能虚心纳谏、从善如流，"能下其群臣，以集其谋"，而计然作为人臣，则能秉公直言、犯颜直谏，真可谓"君臣同心，其利断金"。经过"生聚教训"二十余年，在笠泽之战前夕，越国出现了百姓自愿请战，"父勉其子，兄勉其弟，妇勉其夫"的动人场面。事实证明，越王勾践这种知耻后勇、外柔内刚、心齐气顺的人格特质，是越文化基因的重要内容，也是克敌制胜的精神法宝。

3. 恤民若亲、农末俱利的民本取向

回国后的勾践，在谋臣范蠡、文种辅佐下，全身心投入振兴越国上。他向文种请教治国之道，文种说：唯"爱民"二字，"利之无害，成之无败，生之无杀，与之无夺，乐之无苦，喜之无怒"。意即，爱民就是要做有利于人民的事，帮助人民发展生产，对人民多给予少掠取。范蠡也曾劝告勾践：知道保护人民生命的诸侯，可以为天下之主，否则，将要失去他的地位。勾践听后，频频点头。为了收揽民心，他宽以恤民，"缓刑薄罚，省其赋敛""宽民以子之，忠惠以善之。修令宽刑，施民所欲，去民所恶，称其善，掩其恶……疾者吾问之，死者吾葬之，老其老，慈其幼，长其孤，问其病……富者吾安之，贫者吾与之，救其不足，裁其有余，使贫富皆利之”[①]。平时，勾践出门行路，身旁总跟着一辆装着饭食的车，发现有孤寡老弱、患病和穷困者，便亲自给他们喂食。他还鼓励生育，增殖人口，充裕兵源，“……生丈夫，二壶酒，一犬；生女子，二壶酒，一豚；生三人，公与之母；生二人，公与之饩”[②]。

为了尽快恢复越国经济，勾践虚心听从大臣们的建议，不违农时，抓紧粮食生产。勾践亲自去田野考察，总结天象、季节、气候与粮食收成之间的规律。根据范蠡的建议，在城里龟山建一座怪游台，以观察气象灾害。他采纳范蠡关于“农末俱利”的主张，在搞好粮食生产的同时，大力栽桑养蚕，兴办渔业和畜牧业。勾践还赞同计然关于“旱则资舟，水则资车”的商贸理论，在劝励农桑、兴修水利、蓄积钱粮等方面实施了一系列举措。这些卓越的治国理政之道，为越国在短期实现富民强国奠定了物质基础。其背后所折射出来的精神蕴涵，即越王勾践恤民若亲、农

---

① ［春秋］左丘明：《国语》，北京：中华书局，2021 年，第 691 页。

② ［春秋］左丘明：《国语》，北京：中华书局，2021 年，第 708 页。

末俱利的民本取向，也是古越文化基因不可或缺的重要方面。

总之，文化是时间的佳酿，也是人们走向未来的心灵皈依。上述这些古越族生生不息、代代相传的遗传基因，其实质就是胆剑精神的文化之源。

第二节　胆剑精神的文化根脉及其制胜密码

张岱年先生认为，文化精神就是深蕴在该区域的人的一切活动之中，影响、制约和左右着他们的行为方式的那种深层的、机理性的内在因素。循着他的思路，胆剑精神的文化根脉以及越王勾践之所以克敌制胜、复仇雪耻、称霸中原的精神密码应该是：崇智 + 尚武。

一、崇智文化

如果说齐鲁文化是一种“君子文化”，以“崇周礼、重教化、尚德义、重节操”为核心要义；荆楚文化是一种浪漫与节烈并蓄的文化，浸润着“一鸣惊人”“深固难徙”“止戈为武”的血脉和灵魂；湖湘文化是一种豪勇文化，涌动着“胆识超凡，负气霸蛮”的一腔热血，那么越文化则是个性鲜明的尚智文化。

大禹是越人传说中的祖先。“越王勾践，其先禹之苗裔，而夏后帝少康之庶子也。封于会稽，以奉守禹之祀”，[①]“当帝尧之时，鸿水滔天，浩浩怀山襄陵，下民其忧。……于是舜举鲧子禹，而使续鲧之业”[②]。

大禹治水(壁画)

周恩来同志早在抗日战争时期就指出：“绍地民族精神之史略，如大禹与越王勾践之耐苦奋斗意志，均足以资模仿。”历来人们崇敬大禹、怀念大禹、歌颂大禹，除了他在治水过程中公而忘私的美德、发愤图强

① [西汉]司马迁：《史记》，《传世藏书文库》第4卷，西安：三秦出版社，1999年，第483页。

② [西汉]司马迁：《史记》，《传世藏书文库》第4卷，西安：三秦出版社，1999年，第22页。

的精神、坚韧不拔的意志、克勤克俭的品格，他最大功绩就是面对滔滔洪水，尊重规律，改“堵”为疏，“尽力沟恤，导川夷岳”，终于毕其功于“了溪”，根治了水患。因为，大禹注重调研，带领治水团队翻山越岭，蹚河过川，视察河道；他手握木锸，逢山开山，遇洼筑堤，以疏通水道……历经十三年，胼手胝足，“尽力乎沟洫”，开辟了无数的山、疏浚了无数的河、修筑了无数的堤坝，使河川“有路可走”，奔流入海，体现了大禹颖悟绝伦的聪明睿智。

越地崇智文化形成的标志性事件，是越王勾践的“卧薪尝胆”。在兵败夫椒、“国为墟棘，身为鱼鳖”的情况下，在勾践面前的有两条路可走：要么承认失败，偃旗息鼓，永远甘心事吴，成为附庸国；要么以退为进，韬光养晦，等待时机东山再起。作为“智者”的勾践，听从谋臣范蠡、文种的建议，坚定地选择了后者。他忍辱负重，表面上装作完全被打败的弱者模样，心甘情愿入吴为仆，暗地里却紧锣密鼓地做着卷土重来的各种准备。为了振兴越国、复仇雪耻，勾践日夜克己自责，“苦身焦思，置胆于坐，坐卧即仰胆，饮食亦尝胆也”。从这个历史典故的表面看，勾践的确是以这种方式激励和鞭策自己。但如果从另一视角去分析，就会发现，在“卧薪尝胆”的背后，存在着独特的思维方式和行为方式。首先是置于死地而后生的胆略，三年事吴无异于置身虎穴，稍有不慎即会招致杀身之祸；其次是识才重谋略，勾践重用来自楚国的才子文种和范蠡，也正是他们为他渡过难关，实施复国战略出谋划策，才会有“十年生聚，十年教训”的战略方针；再次是他深谙“隐忍以成事”之道，“刀走刚猛，剑走偏锋”，忍辱负重，以“瞒天过海”的机智和勇气，赢得吴王夫差百分百的信任。可以说，越王勾践审时度势，提出并实施“生聚教训”的大政方针是他重智慧的象征，那么他亲力亲为的“卧薪尝胆”则是他重智谋的典范。

回望历史，在绍兴，尚智文化在其发展和演进过程中，以“智”为原点，形成了两条相辅相成的基线：一是追求智慧。自永嘉之乱以来，大批中原汉人“衣冠南渡”，中原文化与土著越族文化实现了第一次自主性的聚合交融。尊重知识的探求、重视艺术的熏陶成为经久不衰的民风，进而使越地成为名士荟萃、人才辈出之地。相应地，也提高了越人尚智的素质基础。东晋永和九年(353)王羲之主持的“兰亭雅集”，让兰亭成为我国历代书法家的朝圣之地。之后，涌现出智永、徐浩、贺知章、徐渭等书法名家，不胜枚举。随着李白、杜甫、白居易等450余位唐代诗人入越游历，在浙东运河西段、曹娥江、剡溪沿线的水陆交通行迹为依托，在浙东一湖（镜湖）、两盆（剡中盆地和沃州盆地）、三山（会稽山、四明山、天台山）区域内形成的一个以诗歌为纽带，将丰富多样的单个自然和文化资源串接在一起的独特整体。他们或扬帆而行、或饮酒而咏、或击缶而歌，以吟咏沿途风光为主题的1500多首唐诗，形成一条人文渊薮的“浙东唐诗之路”，留给后世一座融合儒学、佛道、诗歌、书法、茶道、民俗、传说等内容的文化宝库。其间，涌现出贺知章、陆游、王冕、

兰亭雅集

浙东唐诗之路（会稽山、天姥山、古鉴湖、剡溪）剪影

徐渭、张岱、杨维桢、陈洪绶、王思任、赵之谦、任伯年等一大批彪炳千秋的诗文书画巨擘。不仅如此，越地

学术领域的创新更是智慧的结晶，一大批越中先贤著书立说，开创了诸多百世流芳的新观点、新学说。计然、范蠡的重商思想、王充的"疾虚妄"主张，震古烁今，影响深远。王阳明、刘宗周、黄宗羲、章学诚等对传统儒学的改造，开了近代启蒙思想之先河，尤其是他们倡导的"经世致用""工商皆本"等理念，极大地促使了明末清初越地乃至全国的工商业繁荣和发展。近现代的蔡元培、鲁迅、竺可桢、陈建功、马寅初、钱三强等，在各自的领域取得了开拓性的建树，成为一代大师大家。二是追求智谋。重"权变"、善谋划，随机应变、以智胜勇，这是越文化最典型的特征之一。越王勾践的"卧薪尝胆"，范蠡、文种等谋士们精心擘画的、以"生聚教训"为核心的富民强国谋略，都是越地先民追求智谋的杰出典范。他们运用瞒天过海、移花接木、釜底抽薪、笑里藏刀等超人谋略，与吴王夫差斗智斗策。尤其是，文种祭出的惊世之计"灭吴七术"更是令人称绝。据明代冯梦龙的《东周列国志》记载，其内容包括：大兴土木，耗费其财力；多送美女，迷惑其心智；购米买面，减少其积粮；实施反间，除掉其忠臣；拍马奉承，扰乱其决策；进贡钱财，麻痹其斗志；积财练兵，壮大我军威。结果，越王勾践只用了"送美人”“耗国力”“施离间”等三招，就迫使吴王夫差像蛾子扑火那样，一步步走向自取灭亡之路。到了南宋，面对苟且偏安、不思进取的小朝廷，王十朋等许多有识之士认为抗金复国要“以越事为法”，意在提醒以宋高宗为首的统治集团“莫把杭州当汴梁”。他在《会稽风俗赋》中将越事概括为“慷慨以复仇，隐忍以成事”，主张效法越王勾践兴越灭吴的做法，通过“隐忍”即深沉、内敛、务实的思维方式和行为手段，实现报仇雪耻、发愤图强的宏伟夙愿。在他看来，要采取以柔克刚、委婉圆通的思维范式，在不显山、不露水的行动之中获得成功。在明清两代的绍兴师爷群体中，这种“隐忍以成事”的个性特质得以集中体现。他们足智多谋，机灵敏捷，随机应变，以忠诚获得幕主的信任，以计谋求得幕主的欣赏，以干练赢得幕主的倚仗。他们就是凭借这样的思维范式，善断悬疑案件，纾解各种关系。在越地民间，老百姓最为欣赏的是徐文长（徐渭）作弄权臣显贵、智惩恶霸劣绅、扶助孱弱妇幼的奇闻逸事，使其成为“阿凡提”式的神化人物。

二、尚武文化

据文献分析，越文化精神内核的另一个侧面是

"尚武"。这源自越地先民"好用剑"的习性,故又称"剑"文化。古代越人的勇武好剑,早已闻名于世。《汉书·帝记》说:"越人之俗,好相攻击。"据《汉书·地理志》载:"吴越之君皆好勇,故其民至今好用剑,轻死易发。"对此,许慎注云:"越人以箴刺皮,为龙文,所以为尊荣之也。"越人之所以有"断发文身"的习俗,除了适应自然环境以外,还表示不怕死,体现出"以勇为荣,以武为美"的内在性格。这正是越人"尚武"的天性使然。

前文已经提到,剑之所以为越人所宠爱,在于剑便于携带,既可以用于防身,又可以用于战斗中近距离的格斗,是一种兼具多种功能的武器。越人除了拥有炉火纯青的"铸剑术"以外,还拥有出神入化的"相剑术"和游刃有余的"用剑术"。关于越地"冶铸青铜剑"的高超技艺,在诸多文献典籍中都有记载。《越绝书·记宝剑》载:"昔者,越王勾践有宝剑五,闻于天下。""当造此剑之时,赤堇之山破而出锡;若耶之溪涸而出铜……欧冶乃因天地之精神,悉其伎巧,造为大刑三、小刑二:一曰湛卢,二曰纯钧,三曰胜邪,四曰鱼肠,五曰巨阙。"《庄子·刻意》说:"夫有干越之剑者,柙而藏之,不敢用也,宝之至也。"《荀子·性恶》也说:“此皆古之良剑也。”现有的考古发现,越地有姑中山(上虞区东关)、赤堇山(柯桥区平水)和西施山(越城区迪荡)等青铜剑的冶铸遗址,先后出土了十余件精美的青铜剑。这些遗址,极有可能是春秋时期越国规模较大的“兵工厂”。

当时,最有名的铸剑大师和青铜剑,就是欧冶子及其绝世宝剑。除了《吴越春秋》《越绝书》等文献典籍记载以外,《辞海》也有条目云:“欧冶子,春秋时人。善铸剑。相传曾为越王勾践铸五剑(《吴越春秋》称‘越王允常使欧冶子造剑五枚’),称为湛卢、巨阙、胜邪(一作莫邪)、鱼肠、纯钧。又与干将为楚昭王铸三剑,称为龙渊、泰阿、工布(一作‘工市’)。”其中,湛卢剑“可让头发及锋而逝,铁近刃如泥,举世无可匹者”,而被冠以五剑之首。北魏地理学家郦道元在其《水经·浙江水注》也说:“若耶溪,《吴越春秋》所谓欧冶铸以成五剑。”历代文人墨客也为欧冶子的人格魅力及其历史功绩所倾倒,写下了不少赞颂他的诗句。唐代独孤及吟诗道:“冶工铸剑今已远,此地空余日铸山。吊古尚传三灶在,清游曾有几人闲。天回鸟道燔穷壁,地接银河带浅湾。夜夜禅床瞻斗气,五精何日更飞还。”欧冶子精心冶铸的越王勾践剑,更是被誉为“天下第一剑”，尘封地下2400多年，依旧锋刃锐利，寒气凛凛。现代科学研究发现，越王剑之所以有出类拔萃的强度和延伸性，是因为它使用了合理的含锡成分，而越王剑之所以不生锈，是因为其表面采用了硫化铜技术。更令人啧啧称奇的是，越王剑采用了复合金属工艺，即两次浇铸使之复合成一体。这项技术，起码领先西方国家2000年。为了敬仰和缅怀这位杰出的铸剑大师，后人在越地建有欧冶祠等。

尚武好剑之风在民间也很流行。《吴越春秋》有“越女试剑”的记载。其大意是：吴越争霸时，越王勾践兵败夫椒后，发誓要复仇雪耻，但苦于“兵弩”未精。当时，一位生活在南林（今平水一带）的“越女”，从小喜欢击剑，剑术高超。范蠡闻其大名，就向越王勾践推荐。勾践便遣使聘之。应聘途中，越女与武艺高强的袁公比剑，结果越女大获全胜。越王勾践向她请教剑术，越女说：“妾生深林之中，长于无人之野，无道不习，不达诸侯。窃好击之道，诵之不休。妾非受于人也，而匆自有之。”① 说明她的剑术既博采众长，又不囿于

① ［东汉］赵晔：《吴越春秋》，北京：中华书局，2019年，第240页。

成法，全凭自己感悟摸索出一套独特的剑术。

更可贵的是，越女向勾践论剑道："其道甚微而易，其意甚幽而深。道有门户，亦有阴阳。开门闭户，阴衰阳兴。凡手战之道，内实精神，外示安仪。见之似好妇，夺之似惧虎。布形候气，与神俱往。杳之若日，偏如腾兔。追形逐影，光若佛彷。呼吸往来，及法禁。纵横逆顺，直复不闻。斯道者，一人当百，百人当万。"①越女在剑道中提出了形神相应、动静互制，长于变化、出奇制胜的剑术理论。她认为凡是手执兵器格斗的技法，都应该内心充实精神，外表显示安详的仪态，看起来好像是个美丽善良的妇人，搏击时却像只可怕的老虎。摆好架势，等候运气，全神贯注。即使是昏暗的夜晚，也觉得如有太阳照耀一样明亮，翩然起跳，好像是只飞腾的野兔。追逐对手要紧随不舍，正与有光照影、影不离形的情形相似。呼吸运气，往来搏击，不违背规则禁令。纵横逆顺，即使回转往复也听不到声音。只要掌握了这种击剑技法，一人可当百人，百人可当万人。越王听后非常高兴，"乃命五校之队长高

①［东汉］赵晔：《吴越春秋》，北京：中华书局，2019 年，第 240 页。

才习之，以教军人”[1]。命令越国兵士都向越女学习剑术。由此，越人的尚武之风可窥见一斑。

诚然，这种尚武之风在越地滋生是必然的。因为，越地地处东南沿海，江山锦绣富饶，又远离中原，面对辽阔的海疆，既有引来外族侵犯的危险，又要保卫故土维持安居乐业的生存环境。这种浸润在越人血脉中的文化基因，一旦遇到合适的土壤，尤其是有外族的侵犯或是国家危亡时，就会被激活，进而迸发一种强烈的反叛精神。南宋时期，面对祖国半壁江山在异族铁蹄蹂躏之下生灵涂炭的悲惨境况，陆游用刀枪利剑般的诗文刺向投降派，将其诗集取名为《剑南诗稿》，并疾呼人民起来抗战。他被 1939 年来绍兴宣传抗日的周恩来同志称为真正“有骨气的文人”。近现代的秋瑾、鲁迅等目睹黑暗社会的种种真相奋起抗争，向罪恶的旧制度宣战。“鉴湖女侠”秋瑾一生与剑结缘，她在《剑歌》诗中鲜明地写出了自己对胆剑精神的崇尚：“若耶之水赤堇铁，铸出霜锋凛冰雪。欧冶炉中造化工，应与世间凡剑别。”被毛

---

① ［东汉］赵晔：《吴越春秋》，北京：中华书局，2019 年，第 241 页。

泽东同志称为“骨头最硬”的鲁迅，以笔为武器，走上了向旧营垒冲杀的战场。在他为数不多的旧诗词中，也出现了佩剑者的形象。可见，从越女到秋瑾，不管是陆游还是鲁迅，在他们的生命历程中都凝聚着越人“尚武”的精血。

综上所述，在越地的历史根脉中，一文一武、一柔一刚，文武兼备，刚柔相济，文与武相互补充，刚与柔彼此融合。正是这些流淌在越人血脉里绵长而激越的文化基因，成就了越王勾践复仇雪耻、称霸中原的夙愿。其实，这也是古越民族乃至整个中华民族安身立命、永不颓败、屹立不倒的精神密码。

第三节　胆剑精神的地缘特征与文化形塑

文化是人类在自然、经济、社会、政治诸生态因子综合的基础上做出的能动创造，总要受到时空因素的限制。人们总是在自己特有的区域空间、地理环境中创造自己的文化。正如黑格尔所说：“助成民族精神的产生的那种自然的联系，就是地理的基础”，由地理要素构成的“自然的联系”，也即文化生成的空间条件，是人文精神“表演的场地”和“必要的基础”。探究胆剑精神的文化蕴涵，也要运用文化地理学，从越地的地域空间和文化环境进行剖析。

一、胆剑精神的地缘特征：古越文化圈

“文化圈”最早是由德国文化人类学家莱奥·弗罗贝纽斯提出的，是指一定区域内富于特征的文化复合，由文化内核和文化外圈组成。文化外圈包括文化功能区及其相关联的若干文化点。我们不妨从“古越文化圈”这种活性动态的立场出发，揭示胆剑精神的文化特质及其内核，找到胆剑精神文化形塑的基本逻辑。

透析胆剑精神的地缘特征，应当以“古越文化圈”为切入点，包括：(1)地方官阶层，这是越地文化“金字塔”的塔顶，在整个越地文化中起决策和导向作用。(2)越地名门望族及其文化名流，这是越地文化“金字塔”的中部地带，起到承上启下的重要作用。(3)普通民众，这是越地文化“金字塔”的塔基，是构成越地文化的本体。

1. 地方官阶层。胆剑精神的形成，与历史上越

地的地方官及其政见政绩有着深刻的内在联系。古往今来，一大批贤牧良守凭借其所掌握的地方行政资源和行政能力，正确引导民间愿望，使其得到实惠和利益，最为典型的是“修水利、抑豪强、兴文教”。从现有史料看，越地历史上虽偶有贪鄙之官，如南朝宋御史阮佃夫“与密谋诸人共掌朝廷大权，乘机大受贿赂，凡事非重赂不行。……家中珠玉锦绣，富于宫廷，住宅园林，超过王府”[1]。但总的来说，越地代有循良，遗爱在民。以治水为例，继大禹之后，历代地方官皆以浚河为安民要务，以治水为治越首策。东汉马臻不畏死，修筑八百里鉴湖；晋时贺循疏凿西兴运河；唐代会稽县令李俊之主持增建海塘，长百余里；明朝汤绍恩造三江闸，改变萧绍平原水利状态；戴琥整治钱塘江；清代俞卿筑海塘、治府河；李亨特整治环城河……他们“缵禹之绪”，用自己的辛勤与汗水、智慧与执着，带领越地百姓将越地建成了稻菽如浪、平畴如织的鱼米之乡，造就了“遥闻会稽美，一度若耶水。万壑与千岩，峥嵘镜湖里”“不出城郭而获山

① 任桂全总纂：《绍兴市志》第五册，杭州：浙江人民出版社，1997年，第3040页。

水之冶，身居闹市而有林泉之致”的秀丽风光。

地方官的积极施为，为越地文化留下了内含精神蕴涵的物质遗迹。古鉴湖、古纤道、三江闸、古石桥、石海塘等与水相关的文物，见证着他们治水的不朽功勋。更重要的是，在他们身上彰显出的自强不息、艰苦奋斗、开拓创新、坚韧不拔、勇于担当等精神风貌，为绍兴加快推进中国式现代化建设增加了文化底蕴，激励人们抚今追昔，睹物感怀，在历史长河中寻找胆剑精神源远流长的文化根脉。

2 名门望族及其文化名流。古越文化源远流长、经久不衰的一个重要标志就是代有人杰的家族文化。家族文化是内化于心、外化于行的家族精神特质，是基于血亲纽带的稳定的文化历史积淀与赓续。越地的名门望族是伴随着发生在越地的若干次民族大融合事件而逐步形成的。东晋时期的“永嘉之乱”导致一大批士大夫和文化名流南下规避战乱，越地出现了许多声名显赫的大家族，如以王羲之、王献之为代表的王氏家族，以谢安、谢灵运为代表的谢氏家族，以贺循、贺玚为代表的贺氏家族，以孔愉、孔稚珪为代表的孔氏家族等。这些世家大族的子弟可以获得较丰富的社会资源和社会地位。到了南宋时期，“靖康之难”

后，以赵构为首的南宋统治集团为了贪图安宁而向女真贵族建立的金朝屈膝称臣，并以此换取苟延残喘的生活。虽然只有半壁江山，但由于社会安定，尚文之风的普遍，越地家族文化又一次迅速崛起。与东晋的世族门阀不同，宋代的大家族多数崛起于寒门，他们以科举进士起家，通过科举走上仕途，或在政坛上有所建树，或在文坛上声名卓著，从而光耀门庭与改变家族地位。最有代表性的，是山阴陆氏家族（陆轸、陆佃、陆宰、陆游）。山阴陆氏祖上虽有一定声望，但陆游的祖先唐末五代从吴郡迁徙到嘉兴、钱塘，再避乱迁到山阴农村隐居时已落魄不堪，陆游的七世祖陆忻因"耻事吴越"而入赘鲁墟一个李姓人家，从事农桑之业。陆游的六世祖陆郇、五世祖陆仁昭一直在鲁墟一带亦耕亦读，世守农桑之业。到高祖陆轸时才出仕为官，曾任越州知州等，晚年官至礼部郎中。此后，陆氏后人重入仕途，陆游祖父陆佃，官至尚书左丞。当然，不管是世族门阀还是寒门仕族，这些家族都十分重视家教，因为，如果一个家族不能在科举上保持优势的话，就不能成为有持续影响力的官宦世家。他们都始终秉持耕读传家的传统，不遗余力聘请社会名流、文坛硕儒教育子弟，使整个家族保持旺盛的发展力、竞争力。为此,这些家族在越文化精神从尚武文化到崇智文化过程中,起到了极为重要的助推作用。

3. 普通民众。越地,原为“荒服”之地。但经过大禹治水、勾践生聚、秦皇巡越、马臻筑湖,到东晋时出现了“今之会稽,昔之关中”的繁荣景象。由于“永嘉之乱”“安史之乱”“靖康之难”期间三次大规模的人口南迁,越地文风炽盛,耕读传家之风蔚然成风。根据史籍记载,自科举制度创建以来,越地的读书人特别多,科考成绩也一直名列浙江省前茅,人均素养相对较高。在明代举人定额 90 人的规模之中,仅绍兴府就占据十余人的名额。明清两代,文风灿然,绍兴府更是累计出现了举人 2755 人,进士 744 人,状元 10 人。据《绍兴市志》(1996 年版)记载,在科举时代,绍兴府出过文武进士 2238 名,状元 27 名,分别占全国的 1.81% 和 2.52%。其中,文科进士从唐代证圣年(695)的贺知章,到光绪三十年(1904)的楼思诰,多达 1965 人,占全国的 1.84%。从一个侧面反映出越地耕读之风的兴盛。

二、胆剑精神的文化品质

由于“古越文化圈”的各个文化板块所处的历史

渊源、存续形态和现实境况不同，它们相互交流、碰撞和吸纳，兼容并蓄，形成了独具特色的文化品质，即人们的意识形态、思维活动、行为范式和工作作风所显现的思想、修养、品性等。胆剑精神所蕴含的文化品质，是长期以来绍兴人民在艰苦奋斗的过程中逐步锤炼和形成的精神风貌、内在气质和深层品性。这些文化品质，最显著的有坚韧、务实和权变。

1. 坚韧。从一定意义上说，"坚韧"的品质，是越文化"刚性""柔性"和"灵性"有机耦合的产物。吴越争霸时期，越王勾践的卧薪尝胆、坚韧不拔的精神品质，历经数千年而世代相传、文脉不断。在遭遇空前绝后的困难或压力时，沉着而不冲动，坚持而不放弃，即面对危险与灾难时精神的坚定、坚强的耐受力、勇气和后劲。滥殇于20世纪80年代绍兴的"四千精神"就是这种精神在当代的最好诠释。改革开放以来，绍兴人民依靠"四千精神"（走遍千山万水，想尽千方百计，说尽千言万语，吃尽千辛万苦），在各种资源短缺、身处困境的情况下，硬是从计划经济的夹缝中办起一个个乡镇企业、一个个专业市场。面对"零资源"和经济结构"两头在外"的现状，绍兴人坚持以市场为导向，不等不靠，艰苦创业，"既当老板，又睡地板”，依托当地丝绸纺织的传统产业优势，以轻纺产业为突破口，不断改造提升，终于成为闻名国内外的轻纺大市。总之，绍兴凭借坚韧的胆识和勇气，充分发挥“民间诱致”和“政府引导”两种力量，实现了传统产业从“腾笼换鸟”到“凤凰涅槃”的迭代变革。

2. 务实。自古以来，越地就有经世致用、务实理性的传统。余阙《均役记》说，越地府民“土瘠民贫，小人动身而食力，其君子检析而敦诗书”；《会稽县志》说：“民有耕耨，而诵其业，丝布其服，鱼盐与稻果瓜而赢蛤其实也”；《诸暨县志》说诸暨民“力稼不事浮费”。这些记载都说明了越地人崇尚实干，不图虚名，唯求实利。自己做事，最大限度地提高收益，与人共事，想方设法尽量使自己的利益最大化。无利可图的事不做，蚀本的事更不做。越谚“吊也来，打也来，蚀本勿来”，道出了越人“求功利、讲实效”的人生态度。改革开放以来，在创新创业中，以“实”字为先，怎么好就怎么干。乡镇企业的应时勃发，大型专业市场的抢占先机，产业集聚的兴旺发达，资本市场的“绍兴板块”，以及“枫桥经验”“民情日记”闻名全国……这些，都是绍兴人在务实基础上不断创造的实践业绩。在他们看来，做人必须自立、自强，要靠自己的本事吃饭，靠自己的努力发展。

3. 权变。绍兴人刚柔相济、外圆内方的行为方式，逐步演变为“有胆识，权机变”的精神品格。晚清时期，绍兴人之所以在沪、杭、甬等地开辟钱庄业大获成功，与这种品格息息相关。据史料分析，上海钱庄萌芽于清乾隆年间旅沪绍兴人所设煤炭店、豆米行的兼营货币存放业务。这些钱业家族经营管理者又以浙江宁波、绍兴等地的人占绝大多数，人称“宁绍帮”。当时，绍兴帮钱庄以经纬、经元善等为代表的上虞经氏家族，以陈春澜、陈秋山为代表的上虞陈氏家族，影响力最大。他们是上海钱业公会的灵魂人物，活跃于近代上海的钱业市场。正如王孝通在《中国商业史》所说：绍兴帮钱庄“性机灵，有胆识，具敏活之手腕，特别之眼光。其经营商业也，不墨守成规，而能临机应变，故能与票号抗衡，在南中别树一帜”[①]。也正是这种品格使绍兴人民在市场经济大潮中屡屡成为“弄潮儿”。20 世纪 80 年代初，绍兴发展乡镇企业主要借鉴以集体经济为主的“苏南模式”。

① 任桂全总纂：《绍兴市志》第二册，杭州：浙江人民出版社，1997 年，第 1322 页。

20 世纪 90 年代中期，绍兴审时度势，敏锐地把握邓小平同志南方谈话精神，大刀阔斧地实行产权制度改革，大力营造“不看成分看发展、不看比例看贡献、不看规模看效益”的营商环境，政策上从“盲目干预”转变为“灵活变通”，充分利用“政策落差”优势，降低个私经济发展所诱发的政治风险，走出了一条介于“温台模式”和“苏南模式”之间的混合经济路子。总之，在历史机遇面前，绍兴人顺势而为、因时而变，尽可能做到稳健有序，避免了“枪打出头鸟”的风险和“首发效应”的高成本，同时也不至于错失良机。

三、胆剑精神的文化形塑

纵观数千年的越地发展史，从地方官阶层到名门望族及其文化名流，再到普通民众，都是胆剑精神坚定的守护者、传承者和践行者。他们以“造福百姓”为己任，或劝农薄赋，或崇文兴教，或抑强扶弱，或移风易俗，或修志问道……守正笃实，久久为功。这也是胆剑精神文化形塑的题中之义。

胆剑精神不只是书本或文物中的静态遗存，也是存在于生产生活中的具体实践。从“古越文化圈”视角把握胆剑精神的认知与认同，为形塑文化的自强与自信构筑了一条底层逻辑。从传承和践行胆剑精神文化形塑的角度看，主要有：

1. 崇文

自古以来，越地文化底蕴深厚，历史遗存丰富。这与越地素有崇文尚艺之风密切相关。就越地与胆剑精神相关的几处文化遗产的保护和修缮的情况来看，历朝以来都不乏可敬可佩之人。这其中，既有能臣干吏、贤牧良守，也有乡绅贤达、文人雅士。以大禹陵（禹庙）为例。自禹归葬于会稽山麓后，其后人即守禹陵、建禹祠，岁时致祭，凡四千余年来史不绝传。与此相应，各个朝代对大禹陵（庙）的工程修缮

禹庙今貌依稀可见明清之影

甚为重视。尤其是明代洪武、天顺、嘉靖年间几次规模较大的修缮工程，成效显著，基本奠定了如今大禹陵（庙）的建筑格局。洪武三年(1370)十二月，明太

祖派遣使臣对经年已久的陵庙加以修缮。次年，再次下令，命官员常年修缮帝王陵寝。天顺二年(1458)，彭谊出任绍兴知府。他在拜谒禹陵时见窆石亭倾覆坍圮，便下令修建石亭以替换之前的木亭。此次修缮工程还包括大殿、庑廊等禹陵主要建筑，工期持续时间达两年之久。天顺六年(1462)冬，朝廷在修葺一新的大禹陵内立了一方巨大的告祭碑以追怀先祖大禹。碑高 383 厘米、宽 160 厘米，其额雕龙，篆曰“御祭祀文”；底部则为赑屃基座，其貌威严肃穆，壮猛有力。嘉靖三年(1524)，绍兴知府南大吉决定对禹陵进行一次大规模的全面修缮，其范围包括正殿七间、东西两庑各七间、中门三间、棂星门三间、大门一间，宰

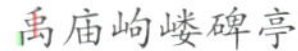
禹庙岣嵝碑亭

大禹陵碑

牲房一所，窆石亭一座。同时，新建陵献殿三间(今享殿)，大禹陵石亭一座(今大禹陵碑)，斋宿房一所。此次工程范围之大、规格之高，足见官方对大禹陵修

缮工程的重视。修缮工程历时经年，新修的陵园达150亩，陵园入口是一座青石碑坊，其后一条神道，北接禹庙，与相隔30丈的窆石相望，沿神道登禹王山，依次建棂星门、中门、陵献殿等建筑，显得气势恢宏。南大吉还亲笔手书“大禹陵”三个擘窠大字，将其刻在石碑上，并竖立在甬道正中心的远端，让后世铭记这位越人始祖、旷世圣贤。嘉靖二十年(1541)，绍兴知府张明道对南大吉修缮的建筑物予以补葺。同时，将季本（会稽人，王阳明弟子，官至长沙知府）从长沙岳麓书院带回的禹王碑拓本翻刻入石，树碑立亭，即今位于禹陵午门前的峋嵝碑。这些，从一个侧面反映出历代有识之士在胆剑精神的感召与激励下，对保护和传承越地文化遗产高度重视，并且率先垂范，身体力行。

2. 重教

越地教育发端甚早。2500多年前，越王勾践“十年生聚，十年教训”，已有积物育人、开展教育的举措。自此，历代仁人志士“崇礼教，修学校，誉乡贤”，可谓不遗余力。东汉时，王充就读于上虞书馆，

"八岁出于书馆，书馆小僮百人以上"[1]，后王充弃官会乡，自行设馆授徒，直至去世，此为越地办学之始。永嘉南渡后，不少文人移居会稽，于境内办学兴校，越中文化教育大见进展。其时会稽官学时设时废，而私学颇盛。一批儒学大师如徵崇、朱膺之、何胤、贺琛、孔佥等都在此聚徒讲学。南朝宋齐间则有著名经师顾欢入剡（今嵊州）结帐设馆讲学，生徒常近百人。[2]唐代，越州及诸暨、嵊县建立官学，并有书院之设。当时一些名师大儒多有在为官从政之余聚徒讲学、传授经业者，有的则退隐乡里，以私人开办学馆授业为生。元稹《白氏长庆集序》称："予尝于平水市（今柯桥区平水镇）中，见村校诸童，竞习歌咏，召而问之，皆对曰：'先生教我乐天、微之诗'。"可见当时越州乡间私学之盛。[3]北宋，越州属县皆设县学，书院有增，同时出现颇具规模的民间义学。宋室

---

① [东汉] 王充 :《论衡·自纪篇》,《传世藏书文库》25 卷，西安：三秦出版社，1999 年，第 565 页。

② 章玉安 :《绍兴教育史》，北京：中华书局，2004 年，第 7 页。

③ 章玉安 :《绍兴教育史》，北京：中华书局，2004 年，第 8 页。

南渡后，越州升绍兴府，并曾两度成为临时首都，都市繁荣与文教兴盛并进。不仅府学、县学等地方官学发达，而且书院勃兴，学塾遍设。其时有大批学者名流如尹焞、石墩、朱熹、吕祖谦等来绍讲学，稽山书院、和靖书院、月林书院、泳泽书院、鹿门书院、鼓山书院等处都有这些名家的足迹。在当时全国20所著名书院中，稽山书院占有一席之地。民间学塾也很兴盛，其中嵊县人周瑜所建渊源堂义塾规模宏大，塾内辟有5斋，另有堂、轩、馆、室等建筑，长期礼聘名士王十朋为师，从学者甚众。[①] 永嘉南渡后，不少文人移居会稽，于境内办学兴校，越中文化教育大见进展。唐代，越州及诸暨、嵊县建立官学，并有书院

绍兴府学宫

蕺山书院

之设。北宋，越州属县皆设县学，书院有增，同时出

① 章玉安：《绍兴教育史》，北京：中华书局，2004年，第9页。

现颇具规模的民间义学。南宋,越州升绍兴府,都市繁荣与文教发展并进,书院勃兴,学塾遍设。明清时期,府属书院发展较快,多延名师讲学。王守仁、刘宗周、黄宗羲等亲辟书院、自设讲坛,受业者众多,学术交流频繁。书院学塾遍举和讲学授业成风,对近代越地教育的形成和发展影响深远,不少书院和学塾成为新式学堂前身。

清末民初,蔡元培接任绍郡中西学堂总理(校长),力排旧势力挠阻,实施新式教育,卒使该校成为新型学堂之佼佼者。徐锡麟创明道女子学堂,办大通师范学堂,与陶成章、秋瑾等推行新教育,功效卓著。姚麟、谢飞麟等在嵊县创办女子学堂,并于府城举办女子蚕业学堂。吴澄甫改诸暨旧式书院为新型学堂并建师范讲习所,均开府属各县举办新学之先河。胡似杰、陈琳珊等发起创办成章女子学校。稍后,经亨颐首任上虞私立春晖中学校长,延聘名家任教,改革教材教法,率先实行男女同校,学生俊杰辈出。他们革新教育,倡导新学,促使绍兴近代教育起步早、起点高、发展快。可见,正是由于胆剑精神的熏陶与浸润,越地素有尊师重教传统,耕读传家相沿成习,兴学办校之风久盛不衰。这对于塑造符合时代潮流又具有地域文化特色的文化精神，至关重要。

3. 修志

方志是关于某一行政区域的政治、经济、文化、军事、自然现象和自然资源的文化百科全书，也是该区域生存境遇和历史精神的记忆。正如明末江秉谦所说："夫邑之有志正犹列国之有风，所以纪山川之要塞，辨习俗之羯夷，陈物土之膏瘠，以及兵、农、礼、乐与人物文献之盛，厥系盖綦重矣！"① 即所谓"治天下者以史为鉴，治郡国者以志为鉴"。为此，方志成为有识之士不可或缺的资治工具。在越地，修志历史源远流长。无论是地方官员还是乡绅乡贤，都非常重视地方志的编纂。他们以"存史、资政、教化"为宗旨，秉承文脉绵长的胆剑精神，孜孜不倦，作出了艰苦卓绝的努力。东汉会稽人袁康、吴平所著《越绝书》，被认为是中国最早的志书之一。历史上，绍兴出现过诸多方志名家，特别是清代的章学诚，被公认为方志学理论的奠基人。陆游、徐渭、蔡元培、鲁迅等都曾参与方志的编纂。越地名志佳作迭出，仅《浙江方志考》记载，绍兴有涉及会稽郡史志 9 种，绍兴

① ［清］康熙《歙县志》卷十二，《艺文·歙志原序》。

府县志（仅今绍兴所辖县市）89种。其中府（郡、州）级志书现存7部。府属各县（不含萧山、余姚）志书现存37部。此外还有数量不少的山水名胜志、乡镇志。其中六朝《山居赋》、南宋会稽二志和《剡录》、明

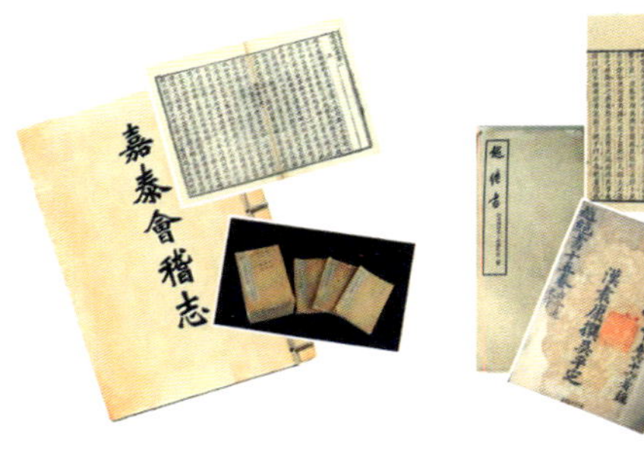

《嘉泰会稽志》及印影　　《越绝书》及印影

万历《绍兴府志》被方志界推崇为佳志、名志。这些方志，记载了世代绍兴人民鲜活的历史，凝聚着绍兴人民的文化精神，是优秀的历史文化遗产。

第七章　胆剑精神的时代价值

理论源自实践并指导实践，又在实践中接受检验、实现升华。正如列宁在《黑格尔〈逻辑学〉一书摘要》中所说:“实践高于(理论的)认识，因为它不仅具有普遍性的品格，而且还具有直接现实性的品格。”[①] 胆剑精神是蕴藏强大内驱力的时代精神，它穿越时空，历久弥新，是润泽新时代绍兴加快建设高水平网络大城市、全力打造新时代共同富裕地的人文滋养，是激励500万绍兴人民为勇闯中国式现代化市域实践新路子的红色根脉。其蕴含的时代价值，就是具有凝心聚力、催人奋进的强大精神力量。

① 中共中央马克思、恩格斯、列宁、斯大林著作编译局编译:《列宁全集》第55卷，北京:人民出版社，2017年，第183页。

第一节　城市精神的价值旨归

城市精神是这座城市赓续绵延的“精神记忆”。因为，“中华文明绵延数千年，有其独特的价值体系。中华优秀传统文化已经成为中华民族的基因，植根在中国人内心，潜移默化影响着中国人的思想方式和行为方式”[①]。因此，“要像爱惜自己的生命一样保护好城市历史文化遗产”[②]。

城市精神是其历史积淀、文明素养、人文品质、价值理念的综合反映和高度凝练，是这座城市最具辨识度的文脉、气质和品位。城市精神的价值旨归，就是它所蕴含的价值理想、价值取向和价值归宿等多重基本价值意蕴。

---

① 习近平：《习近平在北京大学师生座谈会上的讲话》，人民网，2014 年 5 月 5 日。

② 习近平：《像爱惜自己的生命一样保护好文化遗产》，新华网，2015 年 1 月 6 日。

一、从历史逻辑看，城市精神具有传承作用

历史是一座城市的记忆，文化是一座城市的命脉。一座城市的风貌、文脉和气度，都承载着一段沐雨栉风的演进史。作为首批国家级历史文化名城和东亚文化之都，绍兴犹如一座“没有围墙的博物馆”。无论是王羲之的“山阴道上行，如在镜中游”，李白的“镜湖水如月，耶溪女如雪”，元稹的“会稽天下本无俦，任取苏杭作辈流”，宋之问的“犹闻可怜处，更在若耶溪”，还是春秋五霸之越国首都、东晋的会稽郡府、唐代的大都督府、五代吴越国的东府、南宋的行都，抑或是南北朝的“海内剧邑”，唐末的“浙东七州首城”，南宋“四十大邑”之首，近代“辛亥革命”的重要策源地……一帧帧跌宕起伏、扣人心弦的历史片段，造就了这座城市曾经的繁华和辉煌。

进入新时代，开启新进程，绍兴要“图更强、争一流、敢首创，勇闯中国式现代化市域实践新路子”，就必须延续城市文脉、提升城市能级。不仅要继承绍兴优秀的历史文化传统和底蕴，还要及时融入新时代的精华。20年前，时任浙江省委书记习近平同志亲自指导提炼胆剑精神，就是要在强调传承优秀传统文化的基础上，强化市民的归属感和认同感，将绍

兴最具特色、最富代表性的文化元素深度融合，将绍兴的历史、现在和未来有机结合，彰显绍兴这座城市在历史演进过程中积淀的文化自觉与文化自信。

二、从理论逻辑看，城市精神具有导向作用

城市精神犹如一面旗帜，是人们从事各种社会实践的精神导向，把市民的行为引导到城市所崇尚的行为目标上来。城市提倡什么，市民就会重视什么。它以其共同的价值取向规范人们的言行举止，在潜移默化中形成统一的意志和信念。为此，要挖掘城市不可复制和充满个性的“文化基因”，使城市精神形成强烈的感召力和引导力，极大地激发广大市民的热情和干劲，在城市上下形成“既可触摸历史、又能拥抱未来，既崇尚人人奋斗出彩、又体现处处守望相助”那样一种干事创业热土、幸福生活乐园的生动图景。

三、从实践逻辑看，城市精神具有凝聚作用

城市精神就是一座城市的灵魂，体现的是这座城市的形象气质及其市民的精神风貌。作为一座城市的精气神，城市精神犹如一种“黏合剂”，拥有强大的社会凝聚力和社会整合功能。它能够凝聚各方力

量、调动各方积极性，以其共同的价值取向规范人们的行为，形成共同的意志和精神追求，引导人们“心往一处想、智往一处谋、劲往一处使”，汇聚起“积力之所举无不胜、众智之所为无不成”的强大合力。

四、从价值逻辑看，城市精神具有动力作用

城市精神是一部强大的精神“发动机”，它能把人们的归属感、责任感和自豪感激发出来，进而产生一股强劲的进取精神，这种进取精神是物质因素或经济杠杆所难以比拟的。不仅如此，城市精神是软实力的内核所在。凡具有较强软实力的城市，通常是充满创新精神、具有进取锐气、富有迷人神韵的城市。为此，要激发城市精神的原动力，切实增强市民对这座城市的认同感、归属感、自豪感，这是保持这座城市向心力、凝聚力的根本。

总之，城市精神是这座城市的成长基因和血脉灵魂，已经深深融入于这座城市的发展史、奋斗史。城市精神既蕴含历史性，又凸显时代性。它伴随着时间推移和时代变迁而与时俱进，体现城市内在的价值取向和价值追求，展现在城市各个层面和各个方面。城市精神只有内化于心、外化于行，才能更好地感召人、

激发人、凝聚人。在风雨来袭时同舟共济、共克时艰，在承平顺境时毫不懈怠、励精图治，在日常岗位上精益求精、追求极致，就能把城市精神化为每个市民精神成长的丰厚滋养，化为城市发展进步的不竭动力。

第二节　胆剑精神的坐标维度

方位是指时间进程和空间分布耦合而成的特定方向和位置，是时空交汇的坐标系。一座城市的精神风貌，只有从历史发展的坐标上去认识，从时代变化的对比中去把握，才能看得更清晰，把握更准确。因此，剖析胆剑精神与浙江精神、红船精神的内在契合性，有利于把握胆剑精神的所处方位和坐标，揭示出胆剑精神所蕴含的时代价值。

一、文脉的同源性：胆剑精神与浙江精神、红船精神源自越地文化，三者一脉相承

精神是由文化涵养的。任何一种精神的形成，都不是凭空产生的，也不是一蹴而就的，而是要经历孕育、发展、升华的历史过程。从文化发生学及其生

成逻辑看，胆剑精神、浙江精神和红船精神的文化渊源都来自越地文化，包括源远流长的传统文化、风起云涌的革命文化和如火如荼的改革文化。这些底蕴深厚的文化形态为胆剑精神、浙江精神和红船精神的孕育、形成和发展提供了人文基因和基础条件。

马克思说："人们自己创造自己的历史，但是他们并不是随心所欲地创造，并不是在他们自己选定的条件下创造，而是在直接碰到的、既定的、从过去承继下来的条件下创造。"[1] 为此，从历史上游去探寻胆剑精神与浙江精神和红船精神的源头，以便知古鉴今、察往知来。

绍兴既以历史文化名城驰名天下，又以饱蕴优秀革命传统闻名于世。越地文化孕育的"卧薪尝胆，奋发图强，敢作敢为，创新创业"的胆剑精神，与浙江精神、红船精神根植于越地悠久灿烂的历史、薪火相传的文脉，并且不断吸收、融通各种外来文化资源，逐步构筑起立体鲜活的精神世界，成为代代传衍的文化基因。史前的越地先民在滩涂与沼泽地上辛勤

① 中共中央马克思、恩格斯、列宁、斯大林著作编译局编译：《马克思恩格斯选集》第一卷，北京：人民出版社，1995 年，第 585 页。

劳作、繁衍生息。他们在艰难的自然环境中生存下来，其生命韧度和创新追求造就了“坚韧不拔，奋发图强，百折不挠”等精神品质。“永嘉之变”“靖康之难”等几次较大规模的移民潮，北方的中原文化南下入浙，越地本土文化的“刚性”基因逐渐隐退，地缘和血缘的影响逐渐减弱，形成了“敢为人先，勇于创新，诚信和谐”等新的文化特质。这些新文化形态具有超越时空的智慧，反映出他们独特的思维方式、价值取向、审美情趣等。其核心内容包括：敢为人先、超越自我，足智多谋、开拓进取，经世致用、务实求真，精明内敛、外柔内刚，博采众长、兼容并蓄等。

胆剑精神与浙江精神、红船精神都根植于越地传统文化的沃土里，孕育在改革开放的最前沿。一方面，无论是勾践的“卧薪尝胆”、陆游的“家祭无忘告乃翁”、王十朋的“慷慨以复仇，隐忍以成事”，还是秋瑾的“为国牺牲敢惜身”、鲁迅的“我以我血荐轩辕”；无论是依山而居养成的“山的硬气”、临水而居养成的“水的灵气”，还是傍海而居养成的“海的大气”，都为胆剑精神、浙江精神和红船精神提供了丰富的历史素材和深厚的文化滋养。另一方面，这种文化基因也成了浙江克服资源贫乏等不利因素，崛起为经济大省的成功秘诀、精神密码。改革开放以来，绍兴在创造灿烂奋斗史的同时，由观念、理性、胸襟、情怀、品行、气节和志向所凝聚的胆剑精神既受到浙江精神的哺育，也处处彰显着浙江精神的内涵。无论是卧薪尝胆的坚毅品格、奋发图强的奋斗意志，还是敢作敢为的担当勇气、创新创业的不懈追求，都为浙江精神的形成作出了自己的贡献。在孕育和发展胆剑精神过程中，既凸显出浙东学派"义利并举"思想，又以开放包容心态融入创业创新的时代潮流；既能从时代气息里嗅到变革的力量，又能在市场风暴中保持理性的定力。因此，胆剑精神不是孤立的、独立存在的，作为浙江精神谱系中的具体"坐标"，是浙江精神、红船精神乃至整个中华民族精神的重要组成部分。

习近平总书记说："红船起航于浙江，既有历史的偶然性，也有历史的必然性。"[1] 从中国共产党的建党史来看，胆剑精神与红船精神有着内在的、必然的、紧密的联系。20 世纪二三十年代，俞秀松、邵力子、沈玄庐、宣中华等一大批绍兴籍早期马克思主义者，积极参与中国共产党的创建。他们作为孕育红

---

① 习近平：《弘扬"红船精神"走在时代前列》，《光明日报》，2005 年 6 月 21 日。

船精神重要“发起人”和实践者，生于斯长于斯，深受以胆剑精神为内核的越地文化的熏陶和化育。他们在宣传马列主义、创建党团组织、组织工农运动等壮行义举中，彰显出胆剑精神“敢为人先”“开拓进取”“务实求真”“外柔内刚”等文化特质，与红船精神所蕴含的首创精神、奋斗精神和奉献精神，是高度契合的。胆剑精神所蕴含的“卧薪尝胆”，彰显的是矢志弥坚、忍辱负重、能屈能伸的坚毅精神，与红船精神蕴含的“坚定理想、百折不挠的奋斗精神”一脉相承。这在建党前后绍兴籍马克思主义者的身上表现尤为突出。“只要有信仰、信念、信心，就会愈挫愈奋、愈战愈勇，否则就会不战自败、不打自垮。”[①] 他们历经磨难而不馁，饱尝艰辛而不屈，在由追求民主主义革命（邵力子等）或者倾向于无政府主义（俞秀松等）或者爱国主义（宣中华、叶天底、梁柏台、张秋人、何赤华等）向马克思主义者的转变过程中，栉风沐雨，坚韧不拔，显示出坚定的理想信念和坚强的革命意志。其中，最为典型的是俞秀松。“一师风潮”之

① 习近平：《习近平在庆祝改革开放40周年大会上的讲话》，《人民日报》，2018年12月18日，第1版。

后，俞秀松等在参加北京工读互助团受挫，不久便回到上海。惨痛的教训驱使他与无政府主义彻底决裂，从而更加坚定了投身革命的决心。他发誓说："我此后不想做个学问家（这是我本来的志愿），情愿做个'举世唾骂'的革命家！"[1] 在他的感召下，叶天底、梁柏台、汪寿华等一批"一师"学生也毅然中断学业，陆续聚合到上海，参与创建上海早期的党团组织。俞秀松在被王明、康生等诬陷为"托派头子"而被捕后，仍然坚信"革命必定会成功"，还劝慰妻子"坐牢是革命者的家常便饭，要革命就不怕杀头"。原浙江省委书记张秋人被捕入狱后，仍读书不辍，有时还和同牢难友一起演《捉放曹》，引导他们以革命乐观主义增强对革命事业必胜的信念。可见，他们一路走来，为了理想，靠着信仰，多少义无反顾，多少壮怀激烈，多少坚毅前行，彰显出中华民族的高尚情操；坚定的信仰、如磐的信念、必胜的信心流淌在绍兴籍早期马克思主义者的血脉深处，实现了胆剑精神和红船精神的无缝衔接。

① 上海市中共党史学会编：《俞秀松文集》，北京：中共党史出版社，2012 年，第 54 页。

二、目标的同向性：胆剑精神与浙江精神、红船精神锚定奋斗图强，三者一以贯之

目标是导向，是引领，是旗帜。从目标向度看，无论是胆剑精神还是浙江精神、红船精神，它们的共同愿景是：以“奋斗”“创新”为底色，以“民富”“国强”为己任。

“时代是思想之母，实践是理论之源。”[①] 一个时代有一个时代的精神。胆剑精神与浙江精神、红船精神虽然处在不同的历史时期，但它们都有一个共同的目标，即实现国家富强、民族振兴、人民幸福。无论是延续数十年的吴越争霸史，还是绵延数千年的浙江发展史，以及中国共产党的百年奋斗史，都表明：不忘初心方能行稳致远，牢记使命才能开辟未来。胆剑精神所蕴含的“卧薪尝胆”“奋发图强”“创新创业”的胆魄，浙江精神所彰显的“自强不息”“勇于创新”“开放图强”的勇气，红船精神所体现的“坚定理想”“立党为公”“敢为人先”的胸襟，与实现富民强国的奋斗目标或共同愿景前后贯通、高度契合。

---

① 习近平：《习近平谈治国理政》第三卷，北京：外文出版社，2020 年，第 21 页。

历史经验表明，无论在什么时期，肩负何种使命，奋斗与创新是实现民富国强的“一体两翼”。中国共产党带领全国各族人民从“站起来”到“富起来”再到“强起来”的伟大飞跃，就是一部接续奋斗、持续创新的百年辉煌史。

目标是靠奋斗实现的，胆剑精神也是在奋斗中彰显的。春秋时期，越王勾践在遭遇“夫椒之战”惨败后，历经“求和图存”“入吴为奴”“卧薪尝胆”“生聚教训”等。得益于范蠡、文种的辅佐，越王勾践亲自制定并实施“十年生聚，十年教训”治国方略，率领越国臣民励精图治，发愤图强。一方面，高举当时具有国力象征意义的“越王剑”，披荆斩棘，开疆拓土，另一方面，积极实施“计然七策”“伐吴七术”，采取“联楚抗吴、重用人才、积聚实力、体恤百姓”等举措，终于实现了既定的兴越、灭吴、称霸三大宏图目标，谱写了一曲可歌可泣的“胆剑”篇。同样，改革开放40年，绍兴也正是在艰苦卓绝、迎难而上的奋斗中，才取得一系列历史性成就。20世纪七八十年代，在各种资源短缺、身处困境的情况下，勤劳智慧的绍兴人在党的领导下，敢于突破“三缸”（酱缸、酒缸、染缸）、“锡半城”的工业格局，硬是从计划经济的夹缝中率先兴办乡镇企业、创办家庭工厂，开辟新的经济增长点。世纪之交，适逢“成长中的烦恼”，绍兴在忠实践行“八八战略”中，按照时任浙江省委书记习近平同志“努力谱写新时期的‘胆剑篇’”的嘱托，祭出了“腾笼换鸟”“凤凰涅槃”一系列“组合拳”，迎来了经济社会发展的一片“艳阳天”，实现了从资源小市向经济大市、总体小康向高水平全面小康的历史性飞跃，跻身于全国城市综合实力三十强。

就传承浙江精神而言，在改革开放的伟大实践和接力探索中，胆剑精神既受到浙江精神的滋养，也处处彰显浙江精神的底色。胆剑精神是运用绍兴地方特色文化的表述语来诠释浙江精神，是浙江精神的“绍兴读本”。“创新”“开放”等文化基因，与“为民”“求实”等精神元素一起，构成了当代浙江精神中最为核心的部分。改革开放以来，面对人多地少、资源匮乏的省情，浙江率先进行市场化改革，培育充满生机与活力的市场主体，抓住了改革机遇，赢得了发展先机，极大地解放和发展了生产力。抓住重大机遇，迸发出强大的创新活力，以敢为天下先的胆识与智慧，书写着精彩的浙江样本。在好多人还犹豫观望之时，浙江就大胆摸索与改革，形成了民营经济活跃、市场机制灵活的体制机制优势，率先培育出了中国第一家私营企业、第一个专业市场、第一个股份合作社等，成为改革开放的排头兵。习近平总书记亲自擘画和实施“八八战略”后，浙江走出了一条内源性的、以民间力量为主的社会化生产路径，呈现出市场化程度高、民营经济发达、专业市场量大面广、块状经济密集、县域经济强等特色。在传统发展模式急需转型的关键时刻，浙江又以一系列创新创业大手笔站在了改革前沿，从“美丽浙江”到“特色小镇”，从“八八战略”到“两富”“两美”，从“最多跑一次”改革到“互联网 +”，再到“智慧产业”，处处体现出创新思维与创新实践，经济社会发展取得了令人瞩目的巨大成就。同样，沐浴着改革开放春风的绍兴就是依靠自力更生、艰苦奋斗、不断创新，才从江南小城发展成现代化城市，人民生活由温饱全面向小康转变。发轫于绍兴县（现柯桥区）的“四千精神”就是绍兴人奋斗精神的生动写照。正是接续奋斗、持续创新的胆剑精神和浙江精神，推动绍兴乃至整个浙江成为全国改革开放的探路先锋。

就传承红船精神而言，胆剑精神本身包含着红色基因，特别是红船精神蕴含的首创精神、奋斗精神和奉献精神，都在胆剑精神中得到了很好体现。

——胆剑精神所蕴含的“奋发图强”，彰显的是志存高远、奋发有为的奋斗精神。建党前后，以俞秀松、邵力子等绍兴籍先进知识分子，大力宣传马克思主义，为建党的理论准备呕心沥血，摇旗呐喊。俞秀松在青少年时期就立志革命事业。五四运动前夕，他在离家时对大弟说：“我要等到大家有饭吃，等到讨饭佬有饭吃时再回来，你要相信，这一天会到来的。”[1] 建党前夕，除了“南陈北李”创办的《新青年》以外，在江浙沪影响最大的是三位绍兴籍先进知识分子主编或创办的报刊。在建党前的6年间，邵力子在上海《民国日报》上开辟并主编的副刊《觉悟》，“以显著的位置和篇幅，优先刊登共产党人的革命文章”达200篇以上，其中一半是由邵力子亲自撰写的。当时，该报日发行量达数万份，成为新文化运动最具影响力的副刊之一。俞秀松、宣中华等创办的《浙江新潮》，以“谋求人类社会的幸福和进步”为主旨，以宣传反日爱国思想和反封建礼教而闻名。这些报刊匡正驱邪，使一大批具有共产主义觉悟的先进知识分子茅塞顿开，极大

① 中共浙江省委党史研究室编：《俞秀松纪念文集》，北京：当代中国出版社，1999年，第3页。

地鼓舞了他们理直气壮、大张旗鼓地宣传马列主义的坚定信心，为组织上建党提供了强大的舆论支持。

——胆剑精神所蕴含的“敢作敢为”，彰显的是善谋敢闯、坚贞不屈的斗争精神。这种斗争精神，在早期绍兴籍马克思主义者身上，表现得淋漓尽致。建党前夕，邵力子提出，“工人要于奋斗中求生路”就必须摆脱旧式帮会和政客操纵工人的羁绊，建立工人自己真正的工会。沈玄庐提出，“所有无产者，大家要团结起来”，工人阶级要担负起“改造社会”的责任。[①]1920年二三月间，在浙江“一师风潮”中，在“开明”校长经亨颐的引导下，俞秀松、宣中华、梁柏台等都站在了反帝爱国运动的前列，成为浙江五四运动的骨干。作为杭州学生联合会理事长，宣中华以极大的热情，从校园到街头，四处登台演说，散发传单，张贴标语，组织各种集会游行和抵制日货活动。梁柏台不仅参加集会游行，上街宣讲，还写信告知家乡母校的老师和友人，陈述时势之危急，救国之责任，号召他们抵制日货。“四一二”反革命政变前夕，为了减少帮会对工人

① 余一苗主编：《绍兴人民革命史》，上海：上海社会科学院出版社，1994年，第96页。

运动的破坏，时任上海总工会委员长的汪寿华接到青帮大亨杜月笙请帖后，明知很可能是一场“鸿门宴”，但他认为，“……和青红帮流氓打交道，不去叫人耻笑。为了革命利益，我宁愿牺牲一切”。当晚，汪寿华临危不惧，慷慨赴宴，惨遭杀害。张秋人等被捕后，大义凛然，宁死不屈。在法庭上，张秋人随手抓起法官桌上的朱砂砚台，用力向法官头部砸去，然后甩开刑警的手，昂首阔步走向刑场，展现了共产党人坚贞不屈、视死如归的崇高品质和英雄气概。由此可见，坚定理想、百折不挠的奋斗精神是红船精神的灵魂。增强斗争本领，永葆斗争精神，是中国共产党人的革命本色。中国共产党在斗争中锤炼了不畏强敌、敢于斗争、勇于胜利的基因、风骨和品质。

——胆剑精神所蕴含的“创新创业”，彰显的是革故鼎新、锐意进取的开创精神。马克思曾评论说：“如果他想用唯一的一个剧本为自己铺设一条通向舞台的道路……他应当把自己的剧本建筑在创新的基础上。”[1] 在创建中国共产党的各个阶段，绍兴籍的

① 中共中央马克思、恩格斯、列宁、斯大林著作编译局编译：《马克思恩格斯全集》第四十一卷，北京：人民出版社，1995 年，第 101 页。

早期马克思主义者“敢为天下先”，在摸索中实践，在实践中创新，以坚定的信念、无畏的勇气、敏锐的眼光，创造了多个建党历程上的“第一”：作为俄共派驻中国代表维经斯基的助手，俞秀松一边利用上海《星期评论》编辑身份，积极宣传马克思主义，一边又协助陈独秀等人发起成立我国第一个以马克思主义为指导的产业工会，即“上海机器工会”，是先进分子中走与工人运动相结合道路的先行者。建党前，他与施存统等创建了上海社会主义青年团，并担任首任书记，张秋人、宣中华、叶天底、梁柏台等绍兴籍青年都是在俞秀松的引领下成为早期团员的。叶天底还是最早把马克思主义“火种”播撒到绍兴的革命者之一。党诞生不久，沈玄庐回到家乡萧山衙前村，出资并邀请宣中华、刘大白、徐白民等绍兴籍先进知识分子创办“农村小学”，组织“妇女协会”，组建“农民自卫军”，并以“衙前农民协会”为平台，组织农民开展减租斗争，波及萧绍地区八十余村。这是党领导的中国现代第一个农民运动，比彭湃领导的广东海陆丰农民运动还早一年多。所有这些，都蕴含着他们守正创新、忠诚创业、求索进取的精神向度。同时，也表明红船精神是中国共产党人精神谱系的伟大开篇，是中国共产党在奋斗征程上形成的一系列精神的源头。

总之，红船精神是在斗争实践中形成塑造出来的，具有历久弥新、穿越时空的价值意蕴。从俞秀松、邵力子、沈玄庐、宣中华等绍兴籍早期马克思主义者的建党实践看，包括胆剑精神在内的中国优秀传统文化是铸就中国共产党人碧血丹心的“能量场”。中国共产党在如此艰难的实践中不仅建立了党的组织，而且在精神上孕育并构筑了红船精神等中国共产党人的精神谱系。当前，在奋进新时代中国式现代化的征程中，绍兴必须牢记习近平总书记关于“要大力弘扬‘胆剑精神’。……使之成为加快发展的不竭动力”[①]的谆谆教导，赓续红色血脉，汲取信仰力量，以大力弘扬胆剑精神为载体，把红船精神注入灵魂、化为行动，切实做到“四个一”，即一以贯之坚定理想信念，一如既往担当初心使命，一鼓作气进行英勇斗争，一腔忠诚向着党和人民。

---

① 王永昌：《“习书记指导绍兴谱写新时期的‘胆剑篇’”》，《学习时报》，2021年3月19日，第1版。

三、内涵的同质性：胆剑精神与浙江精神、红船精神永葆为民情怀，三者一片丹心

“人民利益高于一切”是胆剑精神、浙江精神和红船精神共同的价值旨归，也是它们恒久的时代价值。

回眸历史，鉴往知来。“凡治国之道，必先富民。”这在春秋末期越王勾践在“生聚教训”的治国方略中可窥见一斑。公元前491年，入吴为奴三年的越王勾践返越后，深知治理国家既要富国，亦要殷民。他听从范蠡、文种的建议，实行了一系列爱民、富民、顺民之策，采取“内实府库，垦其田畴”“缓刑薄罚，省其赋敛”等措施。经过“十年生聚，十年教训”，越国呈现出“民富国强，众安道泰”“人民殷富，皆有带甲之勇”的景象。“修之十年，国富，厚赂战士，士赴矢石，如渴得饮，遂报强吴，观兵中国，称号‘五霸’。”[①]可见，支撑越王勾践卧薪尝胆、逆境奋发的精神力量，是其“民富则国强，国富则民安”的民本思想。

在长期奋斗发展中，浙江孕育出宝贵的浙江精神，从“自强不息、坚韧不拔、勇于创新、讲求实效”到

① [西汉] 司马迁：《史记》（九），北京：中华书局，2010年，第7566—7567页。

"求真务实、诚信和谐、开放图强",再到"干在实处、走在前列、勇立潮头",其中始终贯穿着一条红线,那就是始终坚持以人民为中心的的价值取向,顺应人民群众对美好生活的向往,把增进人民福祉作为一切工作的出发点和落脚点。改革开放以来,浙江始终坚持以人民为中心的发展思想,以不断改善民生为发展的根本目的,较早提出"创业富民、创新强省",将浙江打造成为全国第一个完成脱贫攻坚任务的省份。同样,改革开放以来,绍兴坚持"率先发展、走在前列"的标杆意识,在深入把握市情的基础上,审时度势,总揽全局,引领和推进绍兴经济社会快速持续和健康发展。为进一步激活和释放民间创造力量,又先后提出和实施"创业富民、创新强市""推进率先发展、实现富民强市"等战略举措。

中国共产党百年党史表明,红船精神所蕴含的奉献精神,凸显着党全心全意为人民谋利益的最高价值取向。立党为公、忠诚为民的奉献精神是红船精神的灵魂。在建党之初,中国共产党就将自己的初心和使命确定为:始终坚持以人民为中心,始终把人民放在心中最高位置。从俞秀松、邵力子、沈玄庐等绍兴籍早期马克思主义者的建党实践看,他们之所以积极投身于创建中国共产党，成为我党早期的建党骨干，就是要“为劳苦大众翻身得解放”。俞秀松在《给父亲的信》中写道：“二十世纪是平民的世纪，是劳力劳心遂算是人，是各尽所能各取所需才能生活。”[①] 在《给父母亲和诸弟妹的信》中又写道：“我来（北京）的目的是：实验我底（的）思想生活，想传播到全人类，使他们共同来享受这甘美、快乐、博爱、互助、自由……的新生活才算完事！”[②] 在《浙江新潮》“发刊词”中提出，要“建设自由互助劳动的社会，以谋人类生活的幸福和进步”。沈玄庐设想，在未来的社会主义，“这个国家的人民，应该只有幸福，没有灾难”“劳动、享乐、休息各八个小时”。[③] 他们以恒心守初心、以生命赴使命，切实做到了以担当彰显初心、以作为践行使命。

综上所述，从胆剑精神、浙江精神、红船精神的生成历史和演进轨迹来看，这三者之间不仅前后贯

① 中共浙江省委党史研究室编：《俞秀松纪念文集》，北京：当代中国出版社，1999 年，第 152 页。

② 中共浙江省委党史研究室编：《俞秀松纪念文集》，北京：当代中国出版社，1999 年，第 153 页。

③ 余一苗主编：《绍兴人民革命史》，上海：上海社会科学院出版社，1994 年，第 94 页。

通，而且具有内在的逻辑一致性。胆剑精神是依托绍兴特殊的地域地貌、生产生活、历史文化等孕育、凝练和升华出来的区域性文化标记，它彰显的是绍兴人民奋发图强、开拓创新，不断推进中国特色社会主义伟大事业的精神风貌。浙江精神是浙江人民在千百年来的奋斗发展中孕育出来的宝贵财富，也是浙江地域文化个性和特色的表达。红船精神所蕴含的首创精神体现了中国共产党勇于革新、引领中国前进的政治品格，展现出早期先进知识分子为中华之崛起不懈探索救亡图存的开拓和进取。而这种"开拓和进取"与胆剑精神"创新创业"和浙江精神所蕴含的"创新"文化基因，有异曲同工之处，在新时代都表现为"勇于创新"和"走在前列、勇立潮头"。

第三节　胆剑精神的价值意蕴

习近平总书记在浙江工作期间，曾在多种场合强调绍兴"要努力谱写新时期的'胆剑篇'"。无论是从历史还是从现实角度，从胆剑精神来诠释浙江精神、红船精神乃至中华民族精神可谓以小见大，窥一斑而知全豹。在剖析胆剑精神坐标维度的基础上，可以从中挖掘并提炼出其跨越时空而又历久弥新的独特精神价值。

胆剑精神是对绍兴历史文化精髓要素的凝练和升华，是绍兴人文精神谱系中最出彩的“精神名片”。其要义可概括为：志存高远的梦想力、坚韧不拔的意志力、敢创大业的感召力、革故鼎新的进取力、忧国恤民的亲和力。实践证明，胆剑精神在绍兴各个历史时期的繁荣发展中发挥了巨大的精神动能作用。在当今时代，大力弘扬胆剑精神，是习近平总书记寄予绍兴的政治嘱托，必将成为指引绍兴勇闯中国式现代化市域实践新路子的新引擎。

从价值维度看，胆剑精神的时代价值主要体现在：

第一，胆剑精神蕴含着志存高远的梦想力，与新时代的理想信念观相契合。“梦想力”是日本经营之圣、本田集团创始人本田宗一郎最先提出来的。他认为，“有梦想，就有力量”，梦想力是社会进步的原动力，是创造人间奇迹的发动机。任何个人或团队最糟糕的莫过于没有梦想。回望历史，凡是成大业者都是“心中有梦想，头脑有信仰”。在绍兴，不管是哪个历史时期，“图强”基因始终浸润在胆剑精神之中。从越王勾践“兴越灭吴”、宋高宗赵构“绍祚中兴”，到魏晋王谢“衣冠南渡”、辛亥三杰（秋瑾、徐锡麟、陶成章）“走向共和”……都得益于梦想力的赋

衣冠南渡

辛亥三杰（徐锡麟、秋瑾、陶成章）

能和驱动。党的十八大以来，习近平总书记提出了实现中华民族伟大复兴的中国梦，昭示着国家富强、民族振兴、人民幸福的美好前景，释放出了强大的号召力和感染力。当前，我们要从胆剑精神中汲取“复兴”“图强”的理想信念力量，牢固树立对马克思主义的信仰，对中国特色社会主义的信念，对实现中华民族伟大复兴中国梦的信心。以此为引领，以“图更强、争一流、敢首创”的姿态，激发胆剑精神的时代活力，增强忠实践行“八八战略”、奋力打造“重要窗口”的自觉性，更加坚定实现“五个率先”的信心和决心。

第二，胆剑精神蕴含着坚韧不拔的意志力，与新时代的幸福奋斗观相契合。“卧薪尝胆”内蕴韬光养晦的谋略、以屈求伸的品质和百折不挠的意志。当

年，面对国破家亡的境地，越王勾践不气馁、不冒进，自强不息，发愤图强，为磨砺意志，常“悬胆于坐，仰而尝之”，并祭出“生聚”“教训”系列“组合拳”，20年后终于实现“越甲吞吴”的夙愿。改革开放以来，勤劳智慧的绍兴人依靠锲而不舍、愈挫愈勇的“韧”劲，坚忍而执着，完成了一次又一次弯道超越，才跻身中国城市综合经济实力第29位、中国地级市全面小康指数排名第16位，先后获得首批国家历史文化名城、中国首批优秀旅游城市、全国文明城市、东亚文化之都等荣誉。正如习近平总书记所说，“幸福都是奋斗出来的”“唯有奋斗者，才能在历史的年轮上刻印足迹”。奋斗幸福观是习近平新时代中国特色社会主义思想的重要内容，是新时代中国人民奋发进取的价值标准。奋斗不仅体现着披荆斩棘的“拼”劲，也意味着坚韧不拔的“韧”劲。胆剑精神是一种刚柔相济的城市精神，是伟大奋斗精神的“绍兴读本”，与新时代的幸福观高度契合。弘扬胆剑精神，既要保持昂扬向上、刚健有为的进击姿态，也要坚守因时而动、随事而制的智慧品格。

第三，胆剑精神蕴含着敢创大业的感召力，与新时代的创业价值观相契合。敢作敢为，首先要敢创大业。自秦汉以来，鉴湖是绍兴由“荒服之地”转型为“鱼米之乡”的独特地标，是古越先民“敢创大业”的典范。东汉永和年间，为了消除旱涝灾害，会稽太守马臻将“创业”着力点放在兴修水利、改善民生上。他以千秋大业为重，摈弃个人得失，毅然发动数万民众，在山会平原南部筑堤蓄水，修筑了相当于三十个西湖

今日鉴湖一瞥

晚霞下的古鉴湖

的鉴湖。这座集灌溉、防洪及供水于一体的汉代“人造水库之最”，与会稽山相映成辉，成为绍兴人民的“母亲湖”。在近代，绍兴帮钱庄在上海迅速崛起，也是绍兴人敢创业、善创业的典型案例。明清之际，绍兴人开始旅沪经商，主要从事柴炭业、锡箔业、豆米业及绍酒业等，资本日见浓厚后，转而开设钱庄，占据上海等通商口岸优势，凭借手中财力，到绍兴等地收购

老酒、茶叶、丝绸、锡箔等商品，经上海转运出口，资本积累形成良性循环。[①]《上海钱庄史料·关于上海钱庄的起源》引郭孝先回忆云："1736—1795年，上海尚未开埠，其时有浙江绍兴煤炭商人在南市开设炭栈，时以栈中余款兑换银钱，并放款于邻近店铺及北洋船帮，以权子母，以后逐渐推广，独树一帜，遂为上海钱业发起的鼻祖。"王孝通《中国商业史》云："清代钱庄，绍兴一派最有势力，当时阻止票号势力不得越长江而南者，此派之力也。"钱业领袖秦润卿曾说："论者谓上海之钱业，自筚路蓝缕，开辟草莱，迄于播种耕耘收获，无时无地莫不由宁绍两帮中人之努力为多。""绍兴帮钱庄足以与票号抗衡，以上海为大本营，伸展于长江南北两岸，其业务随上海贸易渐次发展而逐步扩展。"据《上海钱庄史料》载：民国六年(1917)，杭州钱业股东人数和投入的资本额中，绍兴帮分别占有45%和42.9%。民国十年(1921)上海有钱庄69家，绍兴帮占38家。民国二十二年(1933)上海有钱庄72家，绍兴帮占37家。可见，当时绍兴帮钱庄在整个长江流域都具有重要影响，在南帮票号兴起前，几乎垄断了

① 参见陶水木：《近代旅沪绍兴帮钱庄研究》，《绍兴文理学院学报（哲学社会科学版）》，2001年第1期。

上海传统金融业。其间，涌现出了绍兴的陈乐庭以及上虞的经芳洲、屠云峰、陈笙郊、陈一斋、刘杏林等一大批叱咤风云的绍兴籍钱业领袖人物。[①]

20 世纪 80 年代，第一代“洗脚上田”的农民企业家放下锄头，走南闯北，凭着“敢”字当先创大业的豪情和勇气，发扬“四千精神”（走遍千山万水、想尽千方百计、说尽千言万语、吃尽千辛万苦）和“两板精神”（白天当老板，晚上睡地板），敢创敢冒、敢为人先、敢于胜利。栉风沐雨 40 余年，苦难辉煌令人瞩目。仅占浙江省 7% 面积、8% 人口的绍兴，却创造出了占全省近 10% 的 GDP。尤其是忠实践行“八八战略”20 年，坚持一张蓝图绘到底、一任接着一任干，砥砺前行、感恩奋进，高质量发展之路越走越宽、干事创业精气神越干越足、人民群众生活水平越来越好。因此，改革开放史既是一部“大胆创业、艰苦创业、勇于创业”的创业史，更是一支“敢为人先、敢创大业、敢争一流”的奋进曲。这种“敢作敢为”的创业精神，与党和政府倡导的“大众创业”政策高度契合。在当下，敢创大业需要构筑家庭、学校、企业和政府等多元主体协同

① 参见任桂全总纂：《绍兴市志》第二册，杭州：浙江人民出版社，1997 年，第 1322 页。

运作的创业生态系统，其着力点是要强化各类市场主体的创业价值观，引导他们“敢”字当头创新业，从而带动全社会的创业激情更加迸发。

第四，胆剑精神蕴含着革故鼎新的进取力，与新时代的守正创新观相契合。稽山鉴水哺育了崇智尚学的绍兴儿女。“敏于学、善于思、巧智取”的绍兴人，历来引领着革故鼎新的时代先声。王阳明“矫正旧风气，开出新风气”（曾国藩评王阳明），突破程朱理学的藩篱，另辟蹊径创立阳明心学；徐渭痛改因袭模拟旧习，开创“不求形似求神似”的大写意“青藤画派”；黄宗羲敢于冲破“重农抑商”枷锁，大胆提出“工商皆本”思想……他们都彰显了胆剑精神中“创新”的基因传承。在改革开放的历史时空语境下，绍兴人敢于挣脱“姓资姓社”的思想羁绊，乐于创新、善于创新、精于创新。从科技创新到制度创新，从独领风骚的专业市场、块状经济、上市“板块”，到全国瞩目的“退二兴三”“三改一拆”“五水共治”等转型升级“组合拳”，再到名闻遐迩的“枫桥经验”“民情日记”“党建契约化”等，都是绍兴人民锐意创新的结晶。这些“创新”的人文基因和智慧实践，与当今时代倡导的守正创新观高度契合。绍兴坚定实施“八八战略”20年来，持续打好转型升级“组合拳”，从“酒缸、酱缸、染缸”等传统产业转型升级，“芯片、药片、刀片电池”等新兴产业异军突起。目前，绍兴加快创新驱动发展，深入实施科技创新和人才强市首位战略，国家高新技术企业达到2605家，研发经费支出占GDP比重达到2.87%，入选国家创新型城市，连续4年在全国知识产权保护绩效考核中位居前十；人才吸引力跃居全国第23位。可见，守正创新是弘扬胆剑精神的题中之义，无论干事创业还是为人处世，都要在恪守正道、胸怀正气的前提下，勇于开拓、善于创造，不断推陈出新。在当下，要坚持引领改革风气之先，聚焦破解深层次体制机制障碍，持续激发民营经济发展活力。充分激发市场主体活力和群众首创精神，让每一个社会主体同频共振。

第五，胆剑精神蕴含着忧国恤民的亲和力，与新时代的执政宗旨观相契合。回望胆剑精神历史文脉的迭代演进轨迹，不难发现，有一条红线始终贯穿其中，那就是：民生情怀。以彰显胆剑精神最为突出的“治水”为例，一部绍兴发展史，其实也是一部忧国恤民、为民治水的历史。毋庸讳言，一批贤臣明君倡导“以民为本”是为了维护君王治国安邦的政治旨归，但在客观上体现出他们爱民、利民、惠民的情怀。从远古大禹治水，到东汉马臻筑湖，从西晋贺循开凿运河，到明代汤绍恩修建三江闸、戴琥治理西小江并创置《山会水则》，再到清代俞卿修建越中海塘……让“生于斯长于斯”的越地儿女因水而生、因水而美、因水而兴。显然，这种融化在胆剑精神中的“以民为本”情怀，与以习近平同志为核心的党中央始终强调的“以人民为中心”的执政宗旨观高度契合，是滋养“江山就是人民，人民就是江山”实践的宝贵思想资源。党的十八大以来，在习近平总书记的历次讲话中，“人民”都是最突出的关键词。他反复强调：“人民对美好生活的向往，就是我们的奋斗目标，要始终把人民放在心中最高的位置，始终植根人民、造福人民。”在当今时代，大力弘扬胆剑精神，最根本的就是要深怀爱民之心、恪守为民之责、善谋富民之策、多办利民之事，与群众有福同享、有难同当，以求真务实的惠民之举，不断增进老百姓的福祉。

总之，时代变化和历史方位需要胆剑精神静中求变，与时代特征和时代要求相契合。胆剑精神的涵养要汲取先进文化、融入时代精神，在尊重和传承历史的前提下不断创新、与时俱进，体现时代特色。

第八章　胆剑精神的弘扬路径

弘扬城市精神并不是一蹴而就的，而是一项长期的系统工程。要以高度的文化自觉凝练和塑造具有识别性的城市精神，并以此打造独具特色的城市名片。只有遵循弘扬城市精神的基本规律，找准弘扬城市精神的主要路径及其着力点，将其融入绍兴城市名片中，才能彰显绍兴城市的独特魅力，提升绍兴城市的美好形象，引领绍兴城市的未来发展。

第一节　弘扬城市精神的基本规律

习近平总书记说:“一个城市的历史遗迹、文化古迹、人文底蕴,是城市生命的一部分。文化底蕴毁掉了,城市建得再新再好,也是缺乏生命力的。”[①]弘扬城市精神,就是要立足这个城市的历史文化底蕴,彰显历久弥新、广阔深厚的精神力量,激发人民群众的归属感、责任感和自豪感,为城市发展提供强有力的精神支撑。

一、弘扬城市精神文化的一般原则

城市精神是城市精神文化的灵魂,是城市文化主流意识的凝练和升华。传承和弘扬优秀的城市精神文化突出强调合规律性与合目的性的辩证统一,必须遵循继承与扬弃、创新与创造、交融与互鉴三大

① 《习近平春节前夕在北京看望慰问基层干部群众》,《人民日报》,2019 年 2 月 2 日。

原则。

1. 传承与扬弃。历史文化资源是城市精神的发源地，也是最好的营养池。习近平总书记强调："不忘本来才能开辟未来，善于继承才能更好创新。对历史文化特别是先人传承下来的价值理念和道德规范，要坚持古为今用、推陈出新，有鉴别地加以对待，有扬弃地予以继承……"[①] 弘扬城市精神文化，只有根植于深厚的历史文化土壤，增强历史厚重感，才能提升滋润心灵、激发斗志的感染力。同时，坚持马克思主义辩证法的"扬弃"原则，既要肯定精神文化的继承性，又要强调精神文化的选择性，取其精华、去其糟粕，在赓续传统的基础上，找寻其与当代精神相结合的着力点，让精神文化焕发鲜活的生命力。

2. 创新与创造。文化是有生命的，若要生生不息，就要激发其创新创造活力。只有坚持创造性转化、创新性发展，才能激活其强大生命力。弘扬优秀的精神文化，本质是创造性实践。在传承过程中，要把

① 习近平：《习近平在主持十八届中共中央政治局第十三次集体学习时的讲话》，《人民日报》，2014 年 2 月 26 日。

真正优秀的内容加以创造性利用，而不是简单地把传统形式移植到当代。推动精神文化“两创”，就要在文化宝库中或多或少增加一些新元素，从先辈的文化遗产中借用一些契合时代精神的文化基因，实现传统文化的创造性转化。在创造中继承，在推陈中出新，着力破解制约文化“两创”的难点堵点，为传承和弘扬精神文化注入更多新动力。

3. 交流与互鉴。文化因交流而互鉴，因互鉴而发展。任何城市的精神文化不仅由该城市的本土文化逐步交流融合而成，而且往往吸收了其他城市的文化。不同城市的文化具有自身的特点和优势，通过交流和互鉴，可以互相借鉴和吸收对方的文化元素，从而丰富自身的文化内涵。

二、弘扬城市精神的基本规律

城市精神是精神文化的重要组成部分，弘扬城市精神要遵循精神文化的一般规律，同时城市精神也有自身特殊的传承和弘扬规律。

1. 内核吸引规律

传承和弘扬城市精神，必须深挖城市精神的内涵，提升城市精神的品质。城市精神的内涵，要挖掘既要重视城市精神器物层面的展示，更要注重凝聚在器物上的精神品质，充分挖掘它的价值内涵，从而增强城市精神的凝聚力和吸引力。要善于透过现象看本质，挖掘、总结凝聚在城市精神物质层面上的精神品质，从而促进城市精神的传承，增强城市精神的价值吸引力。诚如习近平总书记所说："要结合自己的历史传承、区域文化、时代要求，打造自己的城市精神，对外树立形象，对内凝聚人心。"[1]

2. 外力推进规律

将城市精神融入社会各界的思想观念、道德标准和行为准则，是培育、塑造和践行城市精神的关键所在。传承和弘扬城市精神，离不开行政力量的强势推进。坚持用胆剑精神统筹布局，建城育人。一座座高品位的文化设施、一个个高质量的文化品牌、一场场高水准的文体赛事，让身处这座城市的市民领略到城市面貌常新、城市美景常在、城市温度常留，从一个个文化切面诠释着"城市，让生活更美好"的时代意蕴。

---

① 习近平：《习近平在中央城市工作会议上的讲话》，《人民日报》，2015 年 12 月 22 日。

3. 物化感知规律

作为一种地域性群体精神，城市精神往往是通过城市外观物质形态即城市的风貌、气氛、印象表现出来的。城市精神是城市物态的内蕴和升华，以视觉的形式呈现出来。可见，物态化是传承和弘扬城市精神的重要载体。比如，在深圳市委大院大门口，有一尊青铜雕塑“拓荒牛”。这是深圳“拓荒牛”城

城雕“拓荒牛”（深圳）

城雕“启航”（绍兴）

市精神①（“敢闯敢试、开放包容、务实尚法、追求卓越”）最形象、最珍贵、最出彩的文化地标，它代表深圳创业者们开拓、拼搏、勤勉精神。绍兴城雕“启航”

---

① 深圳精神共有四次总结提炼，1987 年为“开拓、创新、献身”，1990 年为“开拓、创新、团结、奉献”，2002 年为“开拓创新、诚信守法、务实高效、团结奉献”。2020 年，在中共深圳市委六届十五次全会上确定为“敢闯敢试、开放包容、务实尚法、追求卓越”。

也蕴含着“胆剑精神”的文化印记。为此，要通过城市精神遗产的物态化，让那些承载着历史叙事的建筑物，实现“物态”传承，丰富城市精神传播载体，让人们回归到历史情境中，感知城市精神的独特魅力。

4. 媒介传递规律

传媒塑造文化，文化影响传媒。作为城市软实力资源的现代传播网络，是传承和弘扬城市精神的重要平台。要充分应用电影电视、广播网络、图书报纸等现代媒体进行立体化宣传。根据市民心理需求，策划一系列喜闻乐见、引人入胜的节目，以增强城市精神传承的思想性、趣味性和艺术性。在网络时代背景下，尤其要运用互联网思维整合网络资源，充分发挥互联网优势，拓宽受众范围；既能“面对面”，也能“键对键”，确保线上与线下的双向通畅，使城市精神在现代“舆论利器”推动下得以彰显和塑造。

5. 同振共鸣规律

城市精神是一个城市市民认同的精神价值与共同追求，也是其生存和发展的“精气神”。传承和弘扬城市精神的重要前提，是让身处这个城市的市民在情感共鸣中增强对城市精神的认同感和归属感。归属感除了物质层面的供给，更重要是精神上的依托。因此，必须梳理和研判市民的心理需求，依据心理学上知、情、意、行的规律，注重他们的利益诉求，满足他们的心理需要，激发他们的情感共鸣，让城市精神在市民中形成“口碑效应”，逐步让城市精神引领社会风尚。

第二节 弘扬胆剑精神的路径选择

习近平总书记指出，要坚持创造性转化、创新性发展，找到传统文化和现代生活的链接点，不断满足人民日益增长的美好生活需要。在新时代新征程的语境下，要通过观照历史、现实、未来三个维度，探索大力弘扬胆剑精神的路径选择，从历史中汲取养分，在现实中借鉴智慧，到未来去释放能量，以更加昂扬的奋斗姿态、更加饱满的工作热情，奋进新征程，建功新时代。

一、在对历史文脉的感悟中汲取“胆剑”养分，突出政治引领，坚持知行合一

胆剑精神承载着古往今来绍兴人踔厉奋发的寻

梦之旅、奋斗之旅。弘扬胆剑精神，就是要寻找古人精神与当下需求的链接点，以溯越地精神之源流、辟与时俱进之路径，用胆剑精神为生民“塑心”、为实践“立行”。

解码胆剑精神的“十六字”内涵，最核心的关键词是“尝”“强”“敢”“创”。无论是秉持“卧薪尝胆”的志气、坚定“奋发图强”的豪气，还是鼓足“敢作敢为”的勇气、提振“创新创业”的锐气，都离不开胆剑精神的内在秉性：“忠诚”。2500多年的绍兴建城史，是一部筚路蓝缕、顽强拼搏谱写忠诚的奋斗史，深藏着古越先贤披荆斩棘的奋进智慧，蕴含着绍兴人民矢志不渝的忠诚品格。弘扬胆剑精神，就要鉴往知来，在对历史文脉的感悟中汲取“胆剑”养分，在新征程上始终把“忠诚”内化于心、外践于行。

弘扬胆剑精神必须突出政治引领，擦亮忠诚底色。“天下至德，莫大于忠。”忠诚是为政之魂，是最重要的政治操守。习近平总书记指出：“对党忠诚……必须体现到对党的信仰的忠诚上，必须体现到对党组织的忠诚上，必须体现到对党的理论和路线方针政策的忠诚上。”[1]对党忠诚是我们党始终保持先进纯洁、不断夺取新胜利的红色密码。作为共产党员，必须永葆对党绝对忠诚的政治本色，做到政治清醒、信仰坚定。坚定对马克思主义的信仰；忠实拥护“两个确立”、坚决做到“两个维护”；坚持用科学理论武装头脑，自觉做习近平新时代中国特色社会主义思想的忠诚信仰者和坚定实践者，不折不扣地将党的路线方针政策落到实处。

弘扬胆剑精神必须坚持知行合一，做到“三个结合”。从全方位、立体化的视角，采用多样化的途径，不新增强全社会对胆剑精神的思想认同、情感认同、价值认同。在此基础上，推动胆剑精神上接天线、下接地气、深入人心，与主流价值同频共振、同向发力、同轴运转。突出“三个结合”：一要与深入学习贯彻习近平新时代中国特色社会主义思想相结合，坚定正确的政治方向、无私奉献的价值追求、艰苦创业的意志品质、勇于创新的进取锐气。二要与传承优秀传统文化相结合，发掘并激活优秀传统文化中的“胆

① 习近平：《在中共中央政治局民主生活会上的讲话》，《人民日报》，2019 年 12 月 28 日。

剑”基因，并致力于创造性转化、创新性发展；加强对鲁迅文化、阳明文化、黄酒文化、“三缸”文化、西施文化、孝德文化、越剧文化以及浙东唐诗之路等绍兴特色文化研究，不断赋予胆剑精神新的时代底蕴和现代表达形式；把“胆剑”元素融入优秀传统文化的教育普及、保护传承、创新发展、传播交流以及文化产品创作生产等方方面面。进一步挖掘阐述新时代胆剑精神的深刻内涵、生成逻辑和引领作用，持续推出一批有深度有分量的理论研究成果。三要与社会主义核心价值观教育相结合，用心用情讲好“胆剑”故事，推动胆剑精神走进千家万户、走向网络空间，使之入脑入心，成为全市上下践行社会主义核心价值观的精神追求和行动自觉。

在上述“三个结合”中，要梳理出绍兴这座城市独特的文化脉络，串联起散落在城市角落的胆剑精神故事。把弘扬胆剑精神放在城市规划和建设中更加突出的位置。比如，在府山的保护利用中，要把胆剑精神传承好，把胆剑精神的旗帜树起来。围绕胆剑精神对府山做整体设计，充分利用越王台、越王殿、范蠡祠、飞翼楼等建筑，展示好越文化、讲好胆剑精神的故事。绍兴博物馆前的越王城广场上，高高耸立的越王剑就是胆剑精神的标识。在绍兴博物馆搬入新馆后，将原馆址改建成越国文化博物馆，在馆内开设“胆剑精神”展厅，使山上景点与山下所展示

绍兴博物馆（夜景）

飞翼楼、范蠡祠、越王台

的越文化和胆剑精神相得益彰，完美结合。府山要围绕“胆剑精神”做整体设计，像打造“红船精神”一样打造“胆剑精神”。摒弃以往单一载体的文化展示方式，运用新科技，通过空间载体、活动载体和视觉载体等途径，打造多场合、多形态的胆剑精神“沉浸式”体验项目，为展示城市历史文化开启新的窗口。

二、在对现实境况的感悟中借鉴“胆剑”智慧，掌握科学方法，锤炼能力本领

习近平总书记指出，浙江“文化传统的独特性，正在于它令人惊叹的富于创造力的智慧和力量”。胆剑精神，是一种城市精神，也是一种智慧方法。弘扬

胆剑精神，是加快实现“五个率先”的动力源泉。为此，要从胆剑精神中借鉴智慧、掌握方法、汲取力量，在学习中增智，在实践中强能；敢于用智慧破解矛盾，善于用汗水赢取民心。

秉承“卧薪尝胆”志气，锤炼改革攻坚的能力。改革攻坚既有攻坚战，也有持久战，“恰如逆水行舟，一篙不可放缓，放缓则退；又如滴水穿石，一滴不可弃滞，弃滞则废”。在逆风逆水、急难险重的考验面前，拿出“知难而上不言难，迎难而上不怕难”的豪情壮志，敢于较真碰硬、攻坚克难，踏平坎坷成大道，越是艰险越向前。面对绍兴产业提档升级不快、城市能级品位不高、“人文＋生态”叠加优势不够等问题，要把握改革要领，提升攻坚能力。既要有“事不避难”的勇毅，明知山有虎、偏向虎山行，更要有“越挫越勇”的坚韧，开好“顶风船”，走稳“上坡路”，在峥嵘岁月中长才干、壮筋骨，练就攻坚克难真功夫。

坚定“奋发图强”豪气，锤炼谋划担当的能力。领悟是善谋划、敢担当的前提。要学深悟透国家有关政策法规，掌握其精神实质。在此基础上，深入调研，见微知著。习近平总书记指出：“……担当大小，体现着干部的胸怀、勇气、格调，有多大担当才能干多大事业。”为此，要胸怀全局、把握大势、善谋长远，牢牢掌握工作主动。谋划担当，贵在坚持问题导向。要养成“发现问题的敏锐、正视问题的清醒、解决问题的自觉”，确保谋划担当的针对性和准确性。

鼓足“敢作敢为”勇气，锤炼化危为机的能力。“百舸争流奋楫者先，千帆竞发勇进者胜。”强化大局意识、机遇意识，把握长三角一体化、共同富裕示范区、数字化改革等国家战略交汇叠加的重大机遇，跳出绍兴看绍兴，登高望远，找准发力点、关键处。以壮士断腕的勇气、凤凰涅槃的决心，高扬敢闯敢试之帆，鼓足攻坚克难之劲，笃定决战决胜之志，及时研究并抢抓绍兴在系统重塑、整体跃升产业布局、区位优势、开放格局等方面的发展机遇，增强“化危为机”能力，在奋进新征程中赢得更大空间、实现更大发展。

提振“创新创业”锐气，锤炼融合发展的能力。一部改革开放史，就是一部锐意创新、艰苦创业的成长史。“大众创业、万众创新”是发展的动力之源，也是富民之道、强国之策。深入实施人才强市、创新强市首位战略，聚焦产业链、创新链、人才链深度融合。以宽阔的胸襟、包容的精神和开放的心态推进融合发展，铆足干劲，闻令即动，为创新松绑、为创业加油，最大限度释放全社会创新创业动能。

三、在对未来梦想的感召中释放“胆剑”潜能，创新载体平台，擘画“共富”蓝图

胆剑精神是绍兴人文精神的“魂”。“魂”有所依，才能落地生根，才能“精神变物质”。在推进“五个率先”的赛道上，从对未来梦想的感召中内化胆剑精神，释放“胆剑”潜能，创新载体平台，擘画“共富”蓝图。

弘扬胆剑精神，离不开载体平台的助推。一要注重熏陶。充分挖掘、开发和利用胆剑精神所蕴含的文化资源，着力提升绍兴古越文化遗存、各类名人故里（纪念馆、博物馆）等教育载体的影响力，通过专家解读胆剑精神，亲历者讲述胆剑故事，参与者体验胆剑文化，使更多的人深受教益。这些独具绍兴特色的人文资源，是传承和弘扬胆剑精神必须观照的“具像场域”。二要注重渗透。把胆剑精神渗透到经济建设、政治建设、文化建设、社会建设和生态文明建设中，让人们在和风细雨中认知认同，在潜移默化中熏陶感染。三要注重宣传。全方位、立体式、全覆

盖宣传胆剑精神，形成人人自觉弘扬践行的浓厚氛围。铺设宣传胆剑精神的“载体终端”，搭建研究学术交流和成果展示平台。加强胆剑精神网络平台建设，建立“胆剑精神”官网，建立哲学、政治等理论园地板块，展示胆剑精神的时代背景、理论内涵、历史逻辑、思想基础、文化蕴涵、时代价值及其最新研究成果；充分发挥移动客户端的作用，通过微信公众号的建立，将胆剑精神通过官方账号推向大众。整合电视、报刊、网络等传媒力量，放大文化传播的影响力，通过全方位宣传报道、多渠道宣传展示、典型引领示范等，使胆剑精神家喻户晓，不断增进市民对胆剑精神的文化认同感。在与胆剑精神相关的名人、名胜、名品等“名”字号的重要时间节点，利用音频、视频、图像等传播技术，持续推出网络微视频、微故事等，构建胆剑精神网络传播话语体系。围绕“胆与剑”IP 形象及其精神内涵，打造 IP 形象识别系统，设计开发一系列文创产品、主题乐园、主题酒店、文化传播等在内的产业业态，并开展相应的 IP 主题营销推广活动，进一步丰富“胆剑精神”的品牌内涵，展示新时代绍兴人“向上、向善、向美”的精神面貌。

四要注重践行。“一种价值观要真正发挥作用，必须融入社会生活，让人们在实践中感知它、领悟它。要注意把我们所提倡的与人们的日常生活紧密联系起来，在落细、落小、落实上下功夫”[①]。将胆剑精神作为弘扬浙江精神、红船精神以及伟大建党精神的实践样本之一，推动其回归生活，践履笃行。广泛搭建让群众便于参与、乐于参与的实践平台，以胆剑精神宣讲团、教育基地等为践行载体，促进弘扬胆剑精神的日常化、具体化、形象化、生活化，使之像空气那样弥漫在人们的日常生活、礼节礼仪、民俗活动之中。借助80后、90后新生代宣讲力量，推动胆剑精神进学校、进家庭、进机关、进企业、进社区、进农村。尤其要充分发挥家庭在弘扬胆剑精神中的独特作用，因为，“家庭是日常生活的重要场域，也是日常生活中情感最为浓厚、最为真挚的场域。”[②]要把家庭、家风与胆剑精神的内涵、传承结合起来，使其在父母等家人耳提面命、谆谆教导的隐形熏陶和耳濡目染中，提高胆剑精神对于人们的影响力，促使其向日常生活

① 习近平：《习近平谈治国理政》（第一卷），北京：外文出版社，2014年，第165页。

② 吴翠丽：《社会主义核心价值观嵌入日常生活的内在机理与实现路径》，《南京社会科学》，2015年第2期。

嵌入。将胆剑精神融入课堂，丰富教学内容。高校从事思政教育的教师可以按照不同的方式，有针对性地将思想政治理论教育和胆剑精神纳入课程，以丰富的实践教育学生；将胆剑精神上融入学校的文化建设中，通过开展演讲比赛等一系列活动，营造出弘扬胆剑精神的文化氛围。开展以“胆剑精神”为主题的相关文学艺术等创作竞赛等，激发全社会群体的创新、创造热情。

弘扬胆剑精神，离不开“共富”蓝图的激励。目标激励是赓续奋斗、勇毅前行的力量源泉。绍兴市第九次党代会作出了“聚焦‘五个率先’，加快建设高水平网络大城市，全力打造新时代共同富裕地”的战略部署。这是一幅更高质量、更有温度、更富活力的宏伟蓝图。胆剑精神是绍兴推进中国式现代化建设重要的文化引擎。要强化目标激励，锚定打造“共富”蓝图不动摇，以胆剑精神赋能“五个率先”和“创新之城、开放之城、生活之城、品质之城和善治之城”建设，坚持问题导向、找准主攻方向，打通堵点、突破瓶颈，以更高的站位、更宽的视野、更大的胆魄，精准施策，靶向发力，谋深抓实，努力把人民群众翘首期盼的“共富”蓝图变为鲜活生动的现实图景。

总之，弘扬胆剑精神是润物无声、陶冶养成的过程，也是绍兴城市发展的自觉追求。只有通过微观认同、目标激励、贴近百姓以及扎实、贴切、细致的践履笃行，才能真正把胆剑精神转化为人们的价值追求，为绍兴加快“建设高水平网络大城市，打造新时代共同富裕地”注入强劲的精神动能，成为绍兴勇闯中国式现代化市域实践新路子的磅礴力量。

第三节　弘扬胆剑精神的着力支点

如前所述，胆剑精神是绍兴城市核心竞争力的深厚支撑。弘扬胆剑精神要挖掘历史文脉，寻找着力支点，从“大”和“小”两处入手。首先，从“大历史”中获取滋养。以习近平新时代中国特色社会主义思想为指导，从党的百年奋斗经验中领会要义，从中国共产党人精神谱系中汲取营养。其次，从“小历史”中传承特色。绍兴是首批国家级历史文化名城和“东亚文化之都”，2500多年建城史的人文积淀，赋予了绍兴“卧薪尝胆、奋发图强”的深沉气质。新中国成立后，特别是改革开放以来，以革命性变革和突破性进展为特征的改革开放生动实践，造就了绍兴“敢作敢为、创新创业”的凛然正气。迈入21世纪，站在“百年未有之大变局”的“大风口”，同样离不开绍兴人“敢为善为、图强争新”的奋进姿态。弄潮新时代，奋进新征程，需要以更加开阔的思路、更加开放的胸襟、更加务实的作风弘扬胆剑精神。

理念决定出路，站位托举视野。作为“关键少数”，党员领导干部思维水平的高低、观念更新的快慢、胸怀格局的大小，直接影响一个城市的精神维度。为此，弘扬胆剑精神，党员领导干部要从自身做起、从现在做起、从点滴做起。要牢记习近平总书记的殷殷嘱托，精准把握胆剑精神的精髓要义，俯首甘为“拓荒牛”、奋力勇当“下山虎”、策鞭争做“千里马”，成为勇闯中国式现代化市域实践新路子的先行者和排头兵。这是弘扬胆剑精神的着力支点。

一、弘扬胆剑精神，要着眼“三心”

凝心铸魂、尽心尽责、一心为民，是党员领导干部带头营造弘扬胆剑精神“强磁场”的前提和基石。

凝心铸魂，在“感恩奋进”中彰显新担当。“知之愈明，则行之愈笃；行之愈笃，则知之益明。”弘扬胆剑精神是一场战略性、综合性的“大考”，考的是广大党员领导干部的理想信念、初心使命、责任担当。对党员领导干部而言，政治理论素养有之则为“硬核”，缺之则成“硬伤”。党员领导干部要深刻领会“感恩奋进”在弘扬胆剑精神中的价值意蕴，始终保持共产党人的政治本色，坚持不懈用习近平新时代中国特色社会主义思想凝心铸魂，抓根立本，感恩奋进。将坚定捍卫“两个确立”、坚决做到“两个维护”作为最高的政治原则，着力强化忠实践行习近平新时代中国特色社会主义思想的使命担当。按照“学思想、强党性、重实践、建新功”要求，系统打造习近平总书记对绍兴工作重要指示批示精神“7+5+X”特色课程，开设“沿着总书记足迹学新思想”实践课堂，推动党的最新理论成果走深走实、入脑入心。在此基础上，把习近平新时代中国特色社会主义思想转化为坚定理想、锤炼党性和指导实践、推动工作的强大力量。

尽心尽责，在“敢为善为”中展现新作为。“求木之长者，必固其根本；欲流之远者，必浚其泉源。”当今时代，发展的速度、改革的深度，标注着工作的强度、办事的难度。面对“担子重、难题多、压力大”的境况，党员领导干部如果不注重提高自身的必备品格和关键能力，难免会出现“新办法不会用，老办法不管用，硬办法不敢用，软办法不顶用”的尴尬。为此，要深刻领会“敢为善为”在弘扬胆剑精神中的价值意蕴。切实增强时不我待的紧迫感和只争朝夕的进取心，以自身能力的提升不断化解工作压力，在“敢为善为”中激发动力，以更加奋发有为的精神状态履职尽责。只有不待扬鞭自奋蹄，扎扎实实强本领，尽心尽力做实事，坚持“敢为”的恒心、坚定“善为”的信心，不驰于空想，不骛于虚声，脚踏实地，行稳致远，才能在平凡的岗位上干出一番不平凡的业绩。综合运用“胆剑精神”系列研究成果和本土红色资源、斗争案例，组织开展“胆剑精神”系列活动，坚持好、运用好“胆剑精神”蕴含的立场观点方法，将它作为推动“八八战略”再深化的重要抓手，贯穿于绍兴推进中国式现代化市域实践全过程、各领域。这是党员领导干部最好的“降压药”、最坚实的成长阶梯。

“八八战略”是习近平总书记留给浙江取之不尽、用之不竭的宝贵财富和智慧源泉。要一以贯之地把“八八战略”蕴含的理念、思路和方法贯穿到绍兴工作的各方面、全过程，广泛凝聚自觉践行“八八战略”的强大动力，坚定不移沿着“八八战略”指引的道路奋勇前进，努力在共同富裕和中国式现代化的大场景中干在实处、走在前列、勇立潮头。

——牢牢把握“八八战略”蕴含的系统论。从战略高度和全局视角谋篇布局，找准抓纲带目的主要载体、争先进位的主要抓手、示范引领的主要领域，抓住具有乘数效应的关键环节，创出一批具有绍兴辨识度、示范推广性、战略引领力的重大标志性成果，做到纲举目张、以纲带目、系统提升。

——牢牢把握“八八战略”蕴含的优势论。冲破传统盆地思维桎梏，强力推进创新深化改革攻坚开放提升，进一步发扬优势、再塑优势、放大优势，持续推动“八八战略”走深走实。用足用好绍兴先进制造、人文生态、基层治理、体制机制等基础优势，实现全域“满盘活”。

——牢牢把握“八八战略”蕴含的实践论。坚持“大干项目、大抓落实、大转作风”，激发“示范引领”的担当精神，在各项工作中打造标志成果、展示硬核担当，在勇闯中国式现代化市域实践新路子中，为全省以“两个先行”打造“重要窗口”作出更大的绍兴贡献。

——牢牢把握“八八战略”蕴含的问题论。马克思说:“问题就是时代的口号,是它表现自己精神状态的最实际的呼声。”要始终保持赶考者的清醒和坚定,时刻保持强烈的问题意识,在解决问题、攻克难题、破解瓶颈中实现“发展进位、产业进阶、城市进级、民生进步”新成就。

——牢牢把握“八八战略”蕴含的先行论,敢于与最优者对标、与最强者比拼、与最快者赛跑,永葆坚定清醒的忧患意识、争先创优的标杆意识,只争朝夕、勇争第一,在激烈的区域竞争中抢占先机、赢得主动、脱颖而出。

一心为民,在“图强争先”中书写新答卷。人民是历史性成就的逻辑起点,人民是历史性变革的价值源头。[①] 习近平总书记指出:“民心是最大的政治。”党员领导干部要秉承“人民至上”理念,始终把人民情怀内化于心、外化为行、固化为志,始终怀揣一颗为民奉献之心。要深刻领会“图强争先”在弘扬胆剑精神中的价值意蕴。把“图强争先”要求贯穿到绍

① 参见中共中央文献研究室编:《习近平重要讲话文章选编》,北京:中央文献出版社,2016年,第362页。

兴推进中国式现代化进程中的各领域、各方面，明确“图强”的载体，树立“争先”的目标，以“五创图强、四进争先”为抓手，把绍兴的优势发挥出来，特色打造出来。深入贯彻习近平总书记对“契约化”共建、民情日记、驻村指导员制度、新时代“枫桥经验”等工作重要指示批示精神，以“四千精神”的姿态主动深入基层，真正融入群众。积极投身“大走访大调研大服务大解题”“万名干部走万企”等活动，以“转作风、优服务，纾民困、暖民心”为抓手，帮助基层企业群众解决实际困难。

二、弘扬胆剑精神，要注重“三力”

凝聚强大合力、强化担当魄力、鼓足奋进动力，是党员领导干部带头营造弘扬胆剑精神“强磁场”的关键和支点。

凝聚“卧薪尝胆、奋发图强”的强大合力。城市之兴，居者皆有其责；城市之美，居者应尽其力。弘扬胆剑精神，不是党委政府“自娱自乐”的“独角戏”，而是全民支持、全民参与的“大合唱”，关键是要坚持领导带头、以上率下。领导带头就是鲜明的旗帜，以上率下就是无声的命令。弘扬胆剑精神，不是“空对空”的口号，而是用一点一滴实打实的行动为勇闯中国式现代化市域实践新路子添砖加瓦。党员领导干部要持续提振“做极致、干精彩、看实效、争一流”的精神状态，躬身践行、当好表率，层层示范、层层带动，共同汇聚起弘扬胆剑精神的智慧和力量。

强化“敢作敢为、创新创业”的担当魄力。大事难事看担当，危急关头显本色。当前，绍兴高质量发展的短板弱项依然突出。要切实强化“敢作敢为、创新创业”的担当魄力，严格按照既定目标任务，抓住主要矛盾，主攻薄弱环节，硬起手腕、下定决心、下真功夫，真正消除痛点、解决难点、打通堵点。深入开展调查研究，做到带着任务走下去、带着课题蹲下来、谋得良策提上来。在这里，重中之重是对既定的目标任务抓好落实。否则，再好的规划和部署都会沦为空中楼阁。要以习近平总书记对绍兴工作重要指示批示“四张清单”为重点，凝心聚力抓落实，积极主动抓落实，聚焦实际问题抓落实，确保中央有部署、省委有要求、绍兴见行动。要抓实抓牢“创新、改革、开放”这三个关键变量，不断开辟发展新赛道、打开发展新空间、积聚发展新动能、厚植发展新优势，推动绍兴不断起势成势、创新创业、赶超争先。

鼓足“敢为善为、图强争先”的奋进动力。习近平总书记指出：“社会主义是拼出来、干出来、拿命换来的，不仅过去如此，新时代也是如此。”弘扬胆剑精神，不是一蹴而就、立竿见影的“百米跑”，而是久久为功、锲而不舍的“马拉松”，比的是耐力，比的是意志，比的是韧性。党员领导干部要对照“平常时候看得出来、关键时刻站得出来、危难关头豁得出来”的要求，进一步扛牢责任，恪尽职守，提振锐意进取、担当作为的精气神，以“敢为善为、图强争先”的决心，以百舸争流、奋楫争先的斗志，以一鼓作气、越战越勇的姿态，撸起袖子加油干、甩开膀子奋力干，为绍兴“图更强、敢首创、争一流”赋能添力。

总之，弘扬胆剑精神、加强党性修养，是党员干部的必修课。要以发挥党员干部表率示范作用为先导，以身作则，以上率下，让“卧薪尝胆、奋发图强、敢作敢为、创新创业”和“敢为善为、图强争先”成为展现“古城绍兴，越来越好”凝聚力、创造力和生命力的灵魂，更要使之成为绍兴勇闯中国式现代化市域实践新路子的新动能。

参考文献

[1] 马克思，恩格斯．马克思恩格斯选集[M]. 北京：人民出版社，1995.

[2] 毛泽东．毛泽东选集[M]. 北京：人民出版社，1991.

[3] 中央党校采访实录编辑室．习近平在浙江[M]. 北京：中共中央党校出版社，2021.

[4] 习近平．习近平谈治国理政[M]. 北京：外文出版社，2014.

[5] 习近平．之江新语[M]. 杭州：浙江人民出版社，2007.

[6] 袁康，吴平．越绝书[M]. 北京：中华书局，2020.

[7] 赵晔．吴越春秋[M]. 北京：中华书局，2019.

[8] 司马迁．史记[M]. 陈铁民，等，译注．传世藏书文库．西安：三秦出版社，1999.

[9] 班固．汉书 [M]. 陈铁民，等，译注．传世藏书文库．西安：三秦出版社，1999.

[10] 左丘明．国语 [M]. 北京：中华书局，2021.

[11] 孟文镛．越国史稿 [M]. 北京：中国社会科学出版社，2010.

[12] 任桂全，总纂．绍兴市志 [M]. 杭州：浙江人民出版社，1997.

[13] 马雪芹．古越国兴衰变迁研究 [M]. 济南：齐鲁书社，2008.

[14] 韩震．社会主义核心价值新论 [M]. 北京：中国人民大学出版社，2014.

[15] 克利福德·格尔茨．文化的解释 [M]. 韩莉，译．南京：译林出版社，2008.

[16] 胡承槐，胡文木．精神精神与“八八战略”[M]. 北京：中共中央党校出版社，2020.

[17] 红船精神与浙江发展编写组．红船精神与浙江发展 [M]. 杭州：浙江大学出版社，2020.

[18] 朱晓鹏．浙学传统与浙江精神论集 [M]. 上海：上海古籍出版社，2012.

[19] 段治文．浙江精神与浙江发展 [M]. 杭州：浙江大学出版社，2020.

[20] 李小三．中国共产党人精神研究[M]. 北京：中央文献出版社,2008.

[21] 刘孟达,章融．越地经济文化论[M]. 北京：人民出版社,2011.

[22] 刘孟达,杨宏翔,等．绍兴模式研究[M]. 北京：中国人事出版社,2007.

[23] 朱志勇．越文化精神论[M]. 北京：人民出版社,2010.

[24] 费君清,王建华．海峡两岸越文化研究[M]. 北京：人民出版社,2005.

[25] 沈壮海．文化：力量与比较[J]. 理论月刊,2008(5).

[26] 韩喜平．培育和践行社会主义核心价值观的三个基本着力点[J]. 思想政治教育研究,2015(1).

[27] 吴翠丽．社会主义核心价值观嵌入日常生活的内在机理与实现路径[J]. 南京社会科学,2015(2).

[28] 吴晓明．当前中国的精神建设和思想资源[J]. 中国社会科学,2012(5).

[29] 隽鸿飞．文化哲学的生成论解读[J]. 学术交流,2010(9).

[30] 欧光耀,曾长秋．城市文化与管理：培育城

市精神的关键路径 [J]. 宜春学院学报,2022(2).

[31] 定光莉 . 刷新与厘定:新时代城市更新和城市精神的内在关联 [J]. 上海城市管理,2021(7).

[32] 青舟 . 培育城市精神是城市文明进步的核心标志 [J]. 城市观察,2014(6).

[33] 王冬冬 . 城市形象影像文本建构中的城市精神提炼 [J]. 社会科学研究,2013(5).

[34] 顾琅川 . 越地环境与越文化复杂内涵之生成 [J]. 绍兴文理学院学报,2006(1).

[35] 顾琅川 . 古越文化精神研究 [J]. 绍兴文理学院学报(哲学社会科学),2004(5).

[36] 何青志 . 地域文化研究的全球化视野 [J]. 浙江社会科学,2008(4).

[37] 杨宁,杨俏丽 . 基于城市精神伦理意蕴的社区文教治理 [J]. 陕西行政学院学报,2023(5).

[38] 沈小勇,王飞 . 城市人文精神的重构逻辑与实践启示——基于杭州城市文化的实践分析 [J]. 江南论坛,2023(1).

后记

前天，我隐约听到，“习近平总书记来过绍兴了”。昨晚8点多，当我审读完《胆剑精神及其当代价值》的排版稿，正想动笔写“后记”时，新华社播发了消息：习近平在浙江绍兴市考察调研。此时，我思绪万千，心潮如涌，忍不住倾注笔端，一抒情怀。

我屏息静气地读着这则消息，涌泉般的思绪一下子将我拉回到20年前。冬去春来，乍暖还寒。当时，我在市委政研室担任副主任。一天晚上，时任绍兴市委书记的王永昌同志，刚刚参加完省十届八次人代会。他兴致勃勃地把我们市委政研室的几位干部叫到他办公室，第一时间原原本本地向我们传达了时任浙江省委书记的习近平同志关于“弘扬‘胆剑精神，落实‘八八战略’”的重要指示精神。大概意思是：处于产业转型十字路口的绍兴，要以国家宏观调控为契机,大力弘扬越王勾践卧薪尝胆、“十年生聚,十年教训”的精神,努力谱写新时期的“胆剑篇”。王永昌同志明确要求我们市委政研室牵头总结提炼胆剑精神的表述语。我和同事回到办公室,就迫不及待地查阅相关资料。通过查阅,才搞清楚“胆剑篇”的背景及其含义。原来,20 世纪 60 年代,正值“三年困难时期”,北京人民艺术剧院院长曹禺携手梅阡、于是之等艺术家创排了一出话剧,叫《胆剑篇》。该剧取材于越王勾践卧薪尝胆的历史故事,旨在激励全国人民自强不息、攻坚克难。此后,我和同事们才恍然大悟,真正懂得了习近平总书记反复强调绍兴奋力谱写“胆剑篇”的深邃意旨。紧接着,市委决定在广泛发动、深入调研的基础上,总结提炼“胆剑精神”表述语。历时 5 个多月,形成了“卧薪尝胆、奋发图强,敢作敢为、创新创业”的胆剑精神。8 月中旬,根据市委主要领导指示,由我执笔,在《绍兴日报》头版头条连续刊发了《振奋精神 凝聚力量》等 5 篇“本报特约评论员”文章。通过深度释读和广泛宣传,作为绍兴的城市人文精神,胆剑精神获得了全市上下的广泛认同。

20年来，绍兴正是得益于习近平同志亲自擘画、部署和推动实施的“八八战略”，也得益于在全市大力弘扬胆剑精神，实现了令世人瞩目的精彩蝶变。这，也是驱使我之所以多年来笔耕不辍，撰写了不少有关“胆剑精神”文章的主要动因。2019年，我从领导岗位退下来后，多次在市委党校部分主体班上讲授“弘扬胆剑精神”专题课。由于当年我亲身参与了“胆剑精神”的总结提炼，再加上平时比较关注相关素材的积累，便有了这本小册子。

“春种一粒粟，秋收万颗子。”当我在键盘上敲下这篇“后记”最后一个字符时，恰好是农历“秋分”节气。我立起身，顺着凌家山的山脊翘首远望，但见秋色如鑫，“丰”景跃然。哦，眼下正是稻穗垂、棉吐絮、蟹正肥的收获之季。

珍惜收获，感恩遇见。在这本小册子即将付梓之际，我由衷感谢浙江省人大常委会原副主任、浙江省文史研究馆馆长、浙江省党建研究会会长王永昌博士，中共中央党校（国家行政学院）哲学教研部副主任、博士生导师、全国应用哲学研究会会长董振华教授，中共浙江省委宣传部原常务副部长、浙江省人民政府参事、浙江省钱塘江文化研究会会长胡坚先生，他们在百忙之中通读了书稿，并拨冗为这本小册子撰写序言，令我感佩至深。在写作和出版过程中，绍兴市委组织部副部长舒畅，绍兴市社联党组书记、主席王静静，绍兴市委党校教育长、教授李俊都给予热忱鼓励和大力支持，在此诚致谢忱。在我主持本书作为“绍兴文化研究工程课题”的调研与创作过程中，还得到了绍兴文理学院潘承玉教授、诸凤娟教授、章越松教授、杜坤林教授，绍兴市委党校杨宏翔教授、罗新阳教授以及教务一处晏东处长的帮助和指导，在此深表谢意。我还要真诚感谢爱妻高雅芳女士，为了确保我的写作顺利进行，她几乎包揽了所有家务，任劳任怨，默默奉献。还要感谢浙江越生文化传媒集团公司和中国文联出版社的设计及编辑团队，他们的辛勤劳动和付出我将铭记在心。

由于作者水平有限，这本小册子中难免存在一些疏漏、不当乃至讹误之处，敬请读者批评指正。

刘孟达

2023 年 9 月 23 日于半樵芳舍